2019年度重庆市教育科学"十三五"规划重点课题"移动互联网时代
高职院校思政课程混合式教学实效分析与创新研究"（课题批准号：2019-GX-049）资助出版

高职院校思政课程
混合式教学创新研究

张丽芳　著

WUHAN UNIVERSITY PRESS
武汉大学出版社

图书在版编目（CIP）数据

高职院校思政课程混合式教学创新研究／张丽芳著 . -- 武汉 ：武汉大学出版社，2024. 10. -- ISBN 978-7-307-24565-5

Ⅰ. G711

中国国家版本馆 CIP 数据核字第 2024U4K258 号

责任编辑:聂勇军 责任校对:汪欣怡 版式设计:马 佳

出版发行： **武汉大学出版社** （430072 武昌 珞珈山）

（电子邮箱：cbs22@ whu.edu.cn 网址：www.wdp. com.cn）

印刷:武汉邮科印务有限公司

开本:720×1000 1/16 印张:14.25 字数:210 千字 插页:2

版次:2024 年 10 月第 1 版 2024 年 10 月第 1 次印刷

ISBN 978-7-307-24565-5 定价:59.00 元

前　言

　　教育肩负着培养德才兼备人才的根本使命。在高等教育中，思政课程是落实立德树人根本任务的关键课程，其重要性不言而喻，具有不可替代的关键作用。党的十八大以来，以习近平同志为核心的党中央高度重视思政课程的发展，对其建设给予了极大的关注，并制定了一系列重大战略决策，以确保思政课程教学的有效实施和深入推进。

　　移动互联网的普及速度和范围远远超出了人们的想象，已成为我们日常生活的重要组成部分，越来越深刻地改变着人们的学习、工作以及生活方式。人类已进入了移动互联网时代，思政课程的教学也不可避免地受其影响，探索基于移动互联网背景下的思政课程混合式教学成为不得不面临的课题之一。混合式教学不再是传统意义上的课堂教学，而是结合了线上和线下教学的新型教学模式。这种模式并不是简单地利用互联网进行教学，而是需要教师对教学进行重新设计，以实现变革性的融合，这种变革涉及教育理念、教学设计、教学内容、教学方法等多个方面。

　　本书基于互联网信息技术与高等职业教育深度融合的时代背景，探讨思政课程混合式教学改革，并对其实效性进行分析，提出创新建议，书中内容充分体现了"互联网+教育"的国家职业教育发展理念。

　　全书围绕高职院校思政课程混合式教学改革，采用多种方法对其进行了系统的探讨与分析。第一章旨在论述高职院校思政课程混合式教学的研究目标及其重要性，在定义核心概念的基础上，对研究目标与主要研究内容进行分析，明确本书的技术研究路径。第二章对国内外混合式教学研究进行全面综述，重点探讨思政课程混合式教学的理论基础。第三章描述了当前高职院校思政课程混合式教学改革的现实基础，重点分析了思政课程在高职院校教育中的重要地位、高职院校高质量发展和人才培养模式创新等对高职院校思政课程混合式教学改革带来的影响，并通过调研分析思政课程混合式教学的基本情况。第四章论述了高职院校思政课程混合式教学的设计与实践，以及作者所在学校进行的思政课程混合式教学设计和实践，并分析了实践带来的效果。第五章系统探讨了高职院校思政课程混合式教学的实效性，通过扎根理论提炼出影响思政课程混合式教学实效性的因素，并运用层次分析法构建评价指标与模型，对高职院校思政课程混合式教学实效性进行评估；从学习者视角出发，运用结构方程模型研究影响高职院校思政课程混合式教学实效性的关键要素。第六章根据理论分析和实践探索，提出了高职院校思政课程混合式教学创新原则和创新路径。

本书是 2019 年度重庆市教育科学"十三五"规划重点课题"移动互联网时代高职院校思政课程混合式教学实效分析与创新研究"（课题批准号：2019-GX-049）的研究成果之一。本书的内容涵盖了高职院校思政课程混合式教学的基本理论、实践方法、效果评估等多个方面，既有深入的理性分析，也有具体的案例实证。它不仅总结了课题研究期间的教学经验和改革成果，同时也对未来高职院校思政课程混合式教学的发展方向进行了预测和展望。

本书在撰写过程中参阅了部分同行专家、学者的相关著作及论文，吸取了其中有益的成果、见解，谨致以诚挚的谢意。同时，感谢重庆三峡医药高等专科学校对思政课程教学的重视，鼓励笔者开展多项教学改革课题研究，并为本书提供了部分经费支持！感谢我所在的马克思主义学院的领导和同事对本书写作的支持！感谢所任教班级的同学们，感谢他们认真投入的学习，为本书提供了大量生动的素材！

最后，还要特别感谢武汉大学出版社的聂勇军编辑，本书的出版离不开他的大力支持！鉴于在编写本书的过程中所遇到的种种困难和自身能力水平的限制，书中难免会存在一些错误，或者在某些问题的阐述上不够准确、全面。对于这些不足之处，本人深表歉意，并诚恳地希望读者朋友们能够原谅。诚望拙作能对广大思政课程教师有所裨益，为思政课程的教学插上信息化的翅膀，让学生真心喜爱、终身受益。

张丽芳

2024 年 7 月

目　　录

第一章 绪 论

思想政治理论课(以下简称"思政课程")作为落实立德树人根本任务的关键课程,肩负着培养担当民族复兴大任的时代新人,培养德智体美劳全面发展的社会主义建设者和接班人的重要使命。

面对新形势,一些学校致力于教学改革,混合式教学①应运而生,它最早出现在国外,是面对面教学与线上教学的结合。可以预见的是,教师将更加注重开展线上线下相结合的"混合式"教学,而学生也将更加倾向于接受这种基于线上线下相结合的"混合式"学习方式。这种趋势将推动教育教学方式的不断创新与发展,为未来学校的变革注入新的活力。

当前,高职院校占据着全国高等院校的"半壁江山",在推进中国制造向中国创造转变、中国速度向中国质量转变、制造大国向制造强国转变的过程中,高职教育发挥着重要的人才支撑作用。为培养德技并修的复合型技术技能型人才,高职院校必须借助新媒体新技术创新教学方式,使思政课程教学"活起来""动起来""强起来",不断提高思政课程的教学质量,更深入透彻地满足学生的需求,为学生的成长成才和全面发展打下坚实的基础。在高职院校教育教学过程中,思政课程发挥着至关重要的作用,它承担着对大学生进行系统的思想政治理论教育的任务,是巩固马克思主义在高校意识形态领域指导地位、坚持社会主义办学方向的重要基石。同时,它也是全面贯彻党的教育方针、落实立德树人根本任务的主渠道和核

---

① "混合式教学"来源于英文的"Blended learning""Blending learning""B-Learning"或"Hybrid learning",国内多翻译为"混合式学习"。本书主要从教学改革的视角进行阐述,所以采用"混合式教学"这一翻译;在部分关于学生学习方面的论述中,我们也采用"混合式学习"这一说法,二者含义相同。

心课程，对于加强和改进高校思想政治工作、实现高等教育内涵式高质量发展具有灵魂般的引领作用。

在高职院校的办学和人才培养体系中，思政课程占据着突出地位，其重要性不言而喻。它在培养时代新人的重大使命中，发挥着不可替代的作用，只能加强，不能削弱。因此，我们必须高度重视思政课程的建设与发展，不断提升其教学质量和效果，为社会培养更多优秀的社会主义建设者和接班人。

第一节　研究背景与意义

一、研究背景

高职院校的思政课程，通常是指以马克思列宁主义、毛泽东思想、邓小平理论、"三个代表"重要思想、科学发展观、习近平新时代中国特色社会主义思想为指导思想，对高职院校大学生进行系统的思想政治教育的系列课程，在培养学生成为社会主义事业的合格建设者和可靠接班人方面发挥重要作用。2017 年，教育部通过了《2017 年高校思想政治理论课教学质量年专项工作总体方案》。该方案明确提出，需全力开展一场旨在提升高职院校思政课程质量与水准的攻坚行动，以切实增强大学生对思政理论课程实效性的认知与理解。此后，全国思想政治理论界围绕思政课程实效性的深刻内涵及其实现途径等核心议题，展开了全面而深入的研讨活动。这些研讨活动有力地推动了思政课程的教学改革进程，为提升教育教学质量奠定了坚实基础。2019 年 3 月 18 日，习近平总书记在学校思想政治理论课教师座谈会上发表重要讲话，对如何办好新时代思政课程作了集中阐述。他指出，推动思想政治理论课改革创新，要不断增强思政课程的思想性、理论性和亲和力、针对性。

（一）高职院校思政课程的功能和地位

1. 适应新形势的需要

在世界多极化和经济全球化的大背景下，中西文化在多个领域产生激烈碰撞，社会主义核心价值观受到西方现代多元价值观的剧烈冲击；敌对势力试图借助人权、平等、民主、自由和宗教等问题，对我国实施"西化"策略，争夺我国青少年一代。开设思政课程，有助于当代青年学生提升政治素养，坚定科学理想信念，提高政治思想觉悟。

2. 适应大学生成长的需要

青年学生是祖国的未来与希望。当前国际竞争的本质在于综合国力的较量，而综合国力的核心便是人才。在全面提升青年学生竞争力与综合素质的过程中，思想政治教育发挥着极其重要的作用。以培养合格建设者和可靠接班人为出发点，引导青年学生树立正确的世界观、人生观和价值观，这既符合社会主义精神文明建设的内容和政策，也为党和国家事业的繁荣发展奠定了基础。在人生成长道路上，人们总会面临种种挑战。当代青年学生在特殊环境下成长，不可避免地会遇到各种困难。通过思想政治理论课程来引导他们，助力他们顺利成长是高校应尽的职责。

3. 适应国家教育发展战略的需要

高等职业教育是我国国民教育体系的重要组成部分，在高等教育普及化和培养高素质高级技术人才方面发挥着关键作用。当前，大学思想政治教育的核心任务是什么？我们认为，理想信念教育能促进大学生确立正确的世界观、人生观和价值观，是对大学生进行思想政治教育的核心内容，其解决的是高等教育"培养什么样的人"这一根本问题。思政课程在我国高等教育教学体系中占据举足轻重的地位，是学校进行思想道德教育的主阵地，同时也是当代大学生接受政治教育的主要途径，它肩负着对大学生进行系统性思想政治理论教育的重要任务，对于提升大学生思想素质和道德品质具有不可替代的重要作用。

（二）高职院校思政课程混合式教学改革

随着我国经济社会的不断发展，高等职业教育作为我国高等教育体系中的新兴类型，经过改革开放40余年的积累与沉淀，已逐渐成长为我国高等教育的重要组成部分，具有举足轻重的地位。据统计，2020—2023年我国普通高等职业专科院校数量逐年增长，到2023年已达1547所。坚持社会主义办学方向，是办好我国大学的内在要求和根本遵循。思政课程作为坚守社会主义办学方向的重要载体，对于巩固马克思主义在意识形态领域的指导地位、践行社会主义核心价值观、加强对大学生的思想引领以及培养担当民族复兴大任的时代新人具有至关重要的作用。因此，办好思政课程不仅是坚持社会主义办学方向的必然要求，更是完成立德树人这一根本任务的关键所在。在高等教育领域，选择适宜的教学模式以及提升教学质量成为关键议题。在倡导创新教学与注重教育信息化的大背景下，一种以学生为中心、教师为主导，鼓励学生积极参与网络学习的新型教育模式得以蓬勃发展。然而，传统的面对面课堂教学未能充分体现学生的主体地位，而单一的网络学习又不利于系统知识的构建与掌握，为兼顾传统课堂与在线学习的优势，自 20 世纪末以来，国际教育界提出了混合式教学的理念，并逐渐加大对混合式教学研究的关注力度。

在经济社会持续进步、市场经济冲击加剧、高等教育改革不断深入，以及西方思想扩散和互联网广泛普及的背景下，大学生思想政治教育呈现出诸多新特点和新问题。相较之下，高职院校思政课程的教学与社会需求存在较大差距，其地位和作用远未达到预期。这要求高职院校的思想政治教育工作者要紧跟时代发展步伐，以学生为主体，重新审视和定位思想政治教学，摒弃传统的"接受学习、机械记忆、被动模仿"模式。为了促进学生发展，高职院校应探索创新教学模式，遵循"以学生发展为本"的理念，助力学生能力思维和个性人格的发展，并对传统思想政治理论课程教学模式进行必要改革。

随着线上课程逐步从原先的辅助角色，如慕课等，转变为学校正式课程的主导形式，我们有必要回归课程的实质，重新审视线上教学的内涵。单纯地将课程内容通过信息化手段单向传递给学生，或以直播形式解答学生疑问，尚不足以称为完整的"课程"。真正意义上的线上课程，应当融入精心的教学设计，使学生在有序的教学活动中对学习内容进行再加工，进而实现个人成长与发展。这一转变无疑对教师能力提出了更高的挑战。

在混合式教学实践中，我们不仅要关注"人机互动"层面，更要深入挖掘其背后的"人人互动"本质。我们应当致力于将这种互动从单一的信息发送与接收模式，转变为师生共同参与、共同建构的积极过程。为此，我们需要激发一种内在的互动动力，使每位学生都能产生强烈的参与感，避免教学沦为教师的独角戏。同时，混合式教学还需聚焦于"技术手段"背后的"育人本质"。线上教学环境与线下教室、实验室等实体环境共同构成了混合式教学的整体框架，其中信息技术因素贯穿始终。我们应当思考如何有效利用信息技术，发挥其育人功能，这是混合式教学真正需要关注的核心问题，也是对教师综合能力的严峻考验。

需要注意的是，技术的先进性并非决定教学效果的唯一因素，在追求技术创新的同时，我们更应关注如何更好地发挥育人的功能，实现教育的本质目标。

(三)高职院校思政课程混合式教学的实效性

当前，线上线下混合式教学模式已然奏响未来学校教学的变革乐章，其正逐步成为未来学校教学的主流趋势，但同时也迎来了三大挑战：首先，是关于"效率"的挑战。学校需在保障教学效率的同时，追求教学效能的最优化，即如何精准定位教学目标，科学组织授课内容，并构建有效的教学互动机制。其次，是"选择"方面的挑战。采用在线教育的授课形式，需审慎选择教学资源与平台，确保资源的合理利用与平台的稳定运行。最后，是"生态"建设的挑战。应立足现有基础与未来规划，结合教师的专业能力与学生实际情况，努力打造师生共同成长、教学相长的良好教育生态。

混合式教学正推动着未来学校的深刻变革。为实现这一目标，我们必须密切关注线上教育与线下教育的有机融合，积极积累并发展诸如慕课等优质教育资源。在此基础上，我们还要进一步推进基于"数字课堂资源"的线上、线下混合式教学，充分发挥网络在线教学的独特优势，使在线课堂成为知识传授的关键途径。

高职院校思政课程混合式教学实效性研究一直是教育工作者关注的焦点。在信息化、网络化的时代背景下，混合式教学以其独特的优势，为高职院校思政课程的教学改革注入了新的活力。混合式教学能够充分利用线上与线下两种教学资源，实现优势互补。线上教学平台提供了丰富的教学资源和互动工具，使学生能够随时随地进行学习，拓宽了学习的时间和空间。线下课堂则注重面授讲解、实践操作和小组讨论，有助于深化学生对理论知识的理解和应用。通过线上线下的有机结合，混合式教学有效提升了思政课程的教学效果。

混合式教学注重学生的主体性和个性化需求。在混合式教学模式下，学生可以根据自己的学习进度和兴趣点，自主选择学习内容和路径。教师则通过线上线下的辅导和互动，及时了解学生的学习情况，提供个性化的指导和帮助。这种教学模式有助于激发学生的学习兴趣和主动性，培养他们的自主学习能力和创新思维。

高职院校思政课程混合式教学实效性显著，有助于提升思政课程的教学效果，激发学生的学习兴趣和主动性，然而，我们也应注意到混合式教学在实施过程中可能面临的一些挑战和问题，如如何保证线上教学的质量和效果，如何加强线上线下教学的有效衔接等。因此，高职院校应继续探索和完善混合式教学模式，以更好地服务于思政课程教学改革和人才培养工作。

在面向未来的学校教育变革中，尽管线下教育仍将长期发挥其独特作用，但我们必须正视并应对人工智能、大数据、云技术等新技术对学校教育带来的挑战与机遇。我们应有预见性地规划和布局，充分重视并积极将这些先进技术整合到教育教学实践中，以实现传统教学手段与现代教学媒介的深度融合。

二、研究意义

(一)理论意义

高职院校思政课程混合式教学实效性研究的理论意义，不仅在于深化对现代教育教学理念的理解与应用，更在于推动高职院校思政课程教学改革与创新，提升教学质量和效果。

首先，混合式教学作为一种新型的教学模式，它结合了传统面授教学和在线教学的优势，打破了时空的限制，使学习资源得以更加灵活地配置和利用。通过对高职院校思政课程混合式教学实效性的深入研究，我们可以更加清晰地认识到这种教学模式的优越性，进而推动其在高职院校思政课程教学中的广泛应用。

其次，高职院校思政课程作为培养学生思想道德素质，树立正确的世界观、人生观和价值观的重要课程，其教学质量直接关系到学生的全面发展情况。混合式教学的应用，可以使思政课程的教学内容更加丰富多彩，教学方法更加灵活多样，从而激发学生的学习兴趣和积极性，提高教学效果。

最后，高职院校思政课程混合式教学实效性研究还有助于我们探索适合高职院校学生特点的教学方法和手段。高职院校学生具有独特的认知特点和学习需求，通过深入研究混合式教学在高职院校思政课程中的应用效果，我们可以总结出更加符合高职院校学生特点的教学模式和策略，为高职院校思政课程的教学改革提供有力的理论支持和实践指导。

综上所述，高职院校思政课程混合式教学实效性研究的理论意义重大而深远。它不仅有助于深化我们对现代教育教学理念的理解和应用，更能推动高职院校思政课程教学的改革与创新，为培养具有高素质、高技能的应用型人才提供坚实的思想保障和智力支持。

高职院校思政课程的开设不可避免地伴随着实效性问题，这是思想政治理论教育领域一个持久的话题。在充分认识到其重要性和必要性的基础上，我们还需关注如何提升其实际效果，从而展开多方面的研究。

(二) 实践意义

高职院校思政课程混合式教学实效性研究的实践意义，不仅体现在对教学模式的革新与优化上，更在于其对学生全面发展、教育教学质量提升以及思政课程与时俱进等多方面产生的深远影响。

首先，混合式教学有助于提升学生的综合素质。通过线上线下相结合的教学方式，学生可以在课堂上深入学习理论知识，同时借助网络平台进行自主学习和互动交流，从而实现对知识的全面理解和灵活运用。这种教学模式有助于培养学生的自主学习能力、团队协作精神和创新思维，为他们的未来发展奠定坚实基础。

其次，混合式教学有助于提高思政课程的教学质量。通过运用现代信息技术手段，教师可以更加生动形象地展示教学内容，激发学生的学习兴趣和积极性。同时，教师还可以通过线上平台收集学生的学习数据，进行精准的教学分析和调整，以实现因材施教、个性化教学的目标。

最后，混合式教学有助于推动思政课程的创新发展。面对新时代的新要求和新挑战，思政课程需要不断更新内容、改进方法，以适应社会发展和学生成长的需要。混合式教学作为一种新型的教学模式，可以为思政课程的创新提供有力支撑，推动思政课程与时俱进、不断发展。

综上所述，高职院校思政课程混合式教学实效性研究的实践意义重大而深远。未来，我们应继续深入探索混合式教学在高职院校思政课程中的应用，充分发挥其优势，为培养更多高素质的技术技能型人才做出贡献。

第二节　核心概念界定

作为理论构建的基石，概念涉及内涵与外延两个方面的内容。准确界定和把握概念对于我们理解和建构相关理论具有至关重要的意义。为确保本研究议题的科学性，以下将对本书相关概念进行基本的阐释与分析。

一、混合式教学

(一)混合式教学的概念

自 20 世纪中叶以来，互联网的诞生及信息技术的飞跃发展，使得知识的生成、演进、获取与应用呈现出前所未有的高速态势。这些变革深刻地影响了人类的学习模式。为适应新时代需求，诸多创新学习方式与教育理念纷纷涌现，其中混合式教学便成为一种重要形式。国内外混合式教学经过 20 余年的发展，不论是研究者、教学实践者，还是政府和教育机构，对其发展前景已基本达成了共识，即混合式教学将成为未来教育的"新常态"。但对于混合式教学的内涵，目前教育界尚难形成定论。

"混合式教学"这个词来源于英文的"Blended learning""Blending learning""B-Learning"或"Hybrid learning"。广义上的混合式教学是指将多种技术或媒体与传统面对面的课堂活动相融合。狭义上的混合式教学则是指在线教学如何与课堂教学相融合，也即"面对面教学和线上学习的深度融合"。国内混合式教学的提出可以追溯到2004年，北京师范大学何克抗教授积极倡导将"Blended Learning"的理念引入课程教学实践，自20世纪90年代以来，混合式教学对于学生、教师和学校的益处在研究文献中得到了很好的论述和研究。

(二)混合式教学概念的演变

自20世纪90年代末发展至今，混合式教学的概念经历了一个越来越清晰的演变过程。混合式教学的概念包括物理和教学两个维度，据此可将概念的演变划分为三个阶段(表1-1)。

表1-1　混合式教学概念的演变

时间段	物理维度	教学维度	关注重点	关注角度
技术应用阶段	在线与面授的结合	技术的应用	信息技术	技术的视角
技术整合阶段	明确在线的比例	教学策略与方法的混合	交互	教师的视角
"互联网+"阶段	移动技术、在线、面授的结合	学习体验	以学生为中心	学生的视角

1. 技术应用阶段(20世纪90年代—2006年)

自20世纪90年代末至2006年，混合式教学逐渐成为教育领域的研究热点。在这一阶段，混合式教学的定义主要侧重于其物理特性。美国斯隆联盟(Sloan Consortium)的阐述具有代表性，它将混合式教学定义为：面对面教学与在线教学的有机结合，实现了传统面对面教学与在线学习这两种历史上独立的教学模式的融合。也就是说，在教学内容方面，混合式教学融合了一定比例的在线教学和面对面教学的相关内容。

在教学特性方面，此阶段的混合式教学主要被视为一种新型学习模式，其核心在于关注技术在教学过程中的重要作用。根据 Bonk 等人对信息技术在混合式教学中的应用形式及深度的研究，他们将这一时期的混合式教学划分为五个层次：无技术支持的纯面授教学，信息技术基本应用，信息技术推动教学，信息技术主导，纯在线教学。在这个阶段，混合式教学被视为纯面授教学与纯在线教学之间的过渡阶段，是二者基于信息技术的融合，而技术应用的多少成为关键的划分依据。

2. 技术整合阶段(2007—2013 年)

2007 年以后，混合式教学的定义逐渐清晰。

在物理维度上，学者们努力明确在线与面授教学之间的比例，将混合式教学与纯面授、纯在线教学区分开来。混合式教学被视为一种独立的教学模式，而非过渡性教学模式。斯隆联盟对混合式教学的定义明确指出，只有"30%～79%的教学内容采用在线教学"的教学模式方可称为混合式教学模式。

在教学维度上，学者们更多从教学策略、教学方法的角度来定义和关注混合式教学，重视在线与面授相结合的混合式学习环境下的教学设计。这一阶段，混合式教学概念的核心关注点在于"交互"，关注混合式学习环境如何改变交互，以及相应的教学设计调整。Bliuc 等人将混合式学习定义为：实现了学生与学生、学生与教师、学生与资源之间面对面(现场)交互与在线交互相结合的新型学习方式。[①] 也有学者认为，混合式教学代表了"教学模式的根本变革与再设计"，并给出了混合式教学的三个特征：从以教师为中心转向以学生为中心，增强了学生与学生、学生与教师、学生与内容、学生与外部资源之间的交互，采用形成性评价与总结性评价相结合

① Bliuc A M, Goodyear P, Ellis R A. Research focus and methodological choices in studies into students' experiences of blended learning in higher education[J]. *The Internet and Higher Education*, 2007, 10(4)：231-244.

的评价机制。①

3."互联网+"阶段(2013 年至今)

随着互联网与移动技术的飞速进步,尤其是步入"互联网+"时代,自 2013 年起,混合式教学理念得以创新发展。一方面,在物理维度上,移动技术的融入得到正式认可,混合式教学从"在线教学与面授教学相结合"拓展为"依托移动通信设备、网络学习环境与课堂讨论相融合的教学场景"。另一方面,在教学维度上,混合式教学呈现出全新的"学习体验"。历经技术视角与教师视角的探讨,讨论最终聚焦于学生视角,关注混合式学习对学生本身的改变。混合式教学并非简单的技术堆砌,而是致力于为学生打造实质性的、高度参与性的个性化学习体验,强调"以学生为中心"的教学理念。Goodyear 指出,混合式教学的实质并非仅面对面教学与在线教学的结合,更是在"以学生为中心"的学习环境中,教学与辅导方式的融合。②

在过去的 20 多年里,混合式教学理念的演变可分为三个阶段。这些阶段表现为对混合式教学物理特性的关注逐步减弱,与此同时,对其教学特性的重视程度逐渐提升。

(三)混合式教学模式

冯晓英等人从混合式教学的物理和教学两个维度,将混合式教学模式划分为以下六类:

(1)线下主导型混合教学。此类模式以面授现场教学、交流和讨论为主,在线教学和移动学习为辅。在此类模式中,在线教学和移动学习主要用于呈现和扩展教学资源,如教学视频等,或用于延伸课堂讨论。

(2)线上主导型混合教学。此类模式以基于在线教学和移动学习的自

---

① Yen J C, Lee C Y. Exploring problem solving patterns and their impact on learning achievement in a blended learning environment[J]. *Computers & Education*, 2011, 56(1): 138-145.

② Goodyear V, Dudley D. "I'm a facilitator of learning!" Understanding what teachers and students do within student-centered physical education models[J]. *Quest*, 2015, 67(3): 274-289.

主学习为主，面授现场教学和讨论为辅。典型例子是当前常见的模块化混合式教学：面授(工作坊)+数周的在线学习和讨论+面授(工作坊)。

(3)完全融合型混合教学。此类模式将线下现场的面授教学、基于网络的在线教学和移动学习三种方式完全融合、无缝连接。

(4)讲授式混合教学。在此类模式下，教师主要采用讲授式教学法，通过面授现场讲授、在线讲座视频或移动终端微课视频等形式传递知识。学生聆听教师讲座(视频)及完成作业，被动地参与学习。

(5)自主式混合教学。此类模式下，学生主要通过自主学习形式，学习在线或移动终端的学习资源，参与面授现场的教学和交流，以及在线论坛或移动终端的交流讨论。学生根据自身学习步调，在混合式学习环境中主动地自主学习。

(6)交互/协作式混合教学。在此类模式下，教师为学生设定学习活动和任务，创设适当的学习情境，支持学生在与同伴交流与协作过程中，共同形成对问题的理解或找到任务的解决方案。教师根据需要选择恰当的教学方式(如面授、在线教学、移动学习)来支持学生的交互与协同知识建构。

以上六类混合式教学模式(图1-1)基本涵盖了目前已有的混合式教学实践。例如，一个成功的翻转课堂应是"线下主导型"和"交互/协作式"混合教学的结合。经过对国内外相关文献资料的深入研究，以及对混合式教学定义的探讨，我们可以概括出混合式教学的几个重要特点。首先，混合式教学是传统面对面教学与在线学习(包括但不限于网络教学)的相互融合，实现了优势互补。其次，混合式教学的终极目标是提升学习成效，追求教学效果的最优化。最后，混合式教学不仅涉及学习方式的整合，还涵盖了教育理论、教育媒介等其他教学要素的交融。综合国内外专家的观点，我们可以认为，混合式教学应理解为"以教与学的实践为出发点，融汇各类理论、方法与技术，通过课堂面授与在线学习的有机结合，力求实现学习过程及成果的最优化"。

总之，混合式教学是一种新型的教学方式，它通过技术的赋能实现了

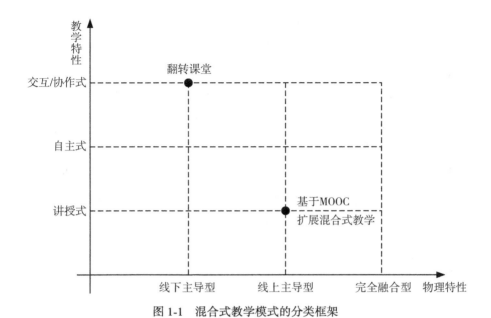

图 1-1 混合式教学模式的分类框架

从时间和空间上的拓展，让学生能够更加灵活地进行学习。同时，它也带来了教育理念和教师角色的转变，让教育更加注重学生的个体差异和需求。虽然混合式教学还有一些挑战需要解决，但它已经成为未来教育发展的重要趋势之一。它所代表的学习理念和方式的变革和发展，将会成为 21世纪最为重要的教育发展方向之一。

二、移动互联网时代

移动互联网，就是将移动通信和互联网二者结合起来，成为一体，是对互联网的技术、平台、商业模式和应用与移动通信技术结合并实践的活动的总称。我国著名科学家钱学森曾对未来教育作了如此论述："未来教育=人脑+电脑+网络。"面对未来，"信息就是机遇，信息就是财富"。信息化时代已经到来，计算机、多媒体、互联网、信息高速公路等现代信息技术得到广泛应用和发展。大学生接收信息多维化、接受方式多元化以及自我追求主体化冲击着课堂教学的有限空间，尤其是互联网对于学生的思想观念、道德规范的影响越来越重要。教育信息化、网络化，带来的不仅是教育手段的改变，而且是教育思想、教育观念和教学结构、教学模式的转变。

移动互联网时代主要具有碎片化、场景化、及时化的特点。

(1)碎片化。由于当前手机的普及，高职院校学生中人人都有手机，因此获取信息的方式不再单一，所接收的信息具有"碎片化"特点，主要表现为三种形式：渠道媒介的碎片化，时间上的碎片化，内容上的碎片化。

(2)场景化。与PC时代互联网传播相比，移动时代的场景意义大大强化，即对场景(情景)的感知及信息(服务)的适配得以增强，此时场景成为移动媒体的新入口，在移动流量场景化的背景下，场景成了虚实交互融合的核心，学生以前关注的是教室的硬件条件，今天更关注网络的畅通。

(3)及时化。及时化指及时获取信息和及时反馈。老师在教学过程中所讲的案例、热点事件，学生可能获得了更为深入的了解，形成了自己的观点，并做出了反馈、发帖、点赞的评价；学生对教学效果的反馈也可以及时向外部传播。

21世纪以来，互联网技术的不断发展和网络社会的兴起，彻底打破了信息单向度传播格局，人们接收信息的渠道越来越多样化，即时通信、微博等技术的兴起，极大地改变了人们的生活方式、思维方式和行为意识，人们的价值观念、价值取向发生了多向性转换，如何应对网络环境下思想政治教育面临的尴尬处境已成为社会各界关注的问题。因此，如何提高学生辨别是非的能力，引导学生对错综复杂、良莠不齐的信息进行取舍，保证其思想的正确发展方向已成为高职院校思政课程教师的重要职责。以计算机网络为代表的现代通信技术的发展，给高校思想政治理论课教育带来了全新的信息传播方法和教学观念，充分利用这些新型媒体和新的信息传播技术，可以突破传统的教学模式，构建一种新的教学模式——传统教学与网络相结合的模式。将传统教学模式与网络优势相结合，利弊互补，建立适合我国实际情况的思政课程混合式教学模式正当其时。

三、高职院校思政课程

高职院校思政课程作为培养学生思想政治素养的重要途径，其课程内容的设置既体现了高职院校教育的特点，又符合时代发展的需要。高职院校思政课程是指高职院校开设的思想政治理论课。思政课程是国家统一编定和实施的、每个大学生都必须修读的公共基础课程。思政课程的内容由国家统一确定，体现了国家意志的要求。高职院校思政课程包括"毛泽东思想和中国特色社会主义理论体系概论""思想道德与法治""习近平新时代中国特色社会主义思想概论""形势与政策"等课程。

高职院校思政课程承担着对高职院校学生进行系统的思想政治理论教育的任务，发挥着巩固马克思主义在高校意识形态领域指导地位、坚持社会主义办学方向的重要作用，是全面贯彻党的教育方针、落实立德树人根本任务的主干渠道和核心课程，是加强和改进高校思想政治工作、实现高等教育内涵式发展的灵魂课程，为高职院校学生成长成才奠定科学的思想基础。

第三节　研究内容与方法

一、研究目标

基于互联网及信息技术的持续进步，移动互联网时代逐步形成，本书深入剖析高职院校思政课程混合式教学的核心概念，系统梳理了思政课程混合式教学的发展现状，从混合式教学模式的设计与实践视角出发，详细探讨混合式教学的实施策略及其效果；通过问卷调查和访谈的科学方法，运用扎根理论提炼出影响其实效性的关键因素，并据此构建评价指标体系；进一步地，本书采用偏最小二乘法实证分析了这些因素对学生学习效果的影响，提出了高职院校思政课程混合式教学的创新原则与路径。

本书不仅对思政课程混合式教学实效性进行了深入的调研与分析，还从理论和实证两个层面构建了影响其实效性的因素模型，并提出了创新的改革路径。这些研究成果旨在为我国高职院校思政课程教学改革，特别是混合式教学改革及其效果提升提供有价值的参考和启示，以期推动高职院校教育质量的全面提升。

二、研究的主要内容

本书具体内容如下：

第一章，旨在论述高职院校思政课程混合式教学的研究目标及其重要性，在定义核心概念的基础上，对研究目标与主要研究内容进行分析，明确本书的研究技术路径。

第二章，对国内外混合式教学研究进行全面综述，重点探讨思政课程混合式教学的理论基础。

第三章，介绍了当前高职院校思政课程混合式教学改革的现实基础，重点分析了移动互联网时代来临、高职院校高质量发展和人才培养模式创新等对高职院校思政课程混合式教学改革带来的影响，并通过调研分析思政课程混合式教学的基本情况。

第四章，论述了高职院校思政课程混合式教学的设计与实践，以及作者所在学校进行的思政课程混合式教学设计和实践，并分析了实践带来的效果。

第五章，系统探讨高职院校思政课程混合式教学的实效性。通过扎根理论提炼出影响思政课程混合式教学实效性的因素，并运用层次分析法构建评价指标与模型，对高职院校思政课程混合式教学实效性进行评估；从学习者视角出发，运用结构方程模型研究影响高职院校思政课程混合式教学实效性的关键要素。

第六章，根据理论分析和实践探索，提出了高职院校思政课程混合式教学创新原则和创新路径。

三、研究方法

本书主要采用文献分析、问卷调查、个案研究和行动研究等各类方法，对高职院校思政课程混合式教学的设计与实施，尤其是其实效性进行深入探讨，以期为我国高职院校思政课程教学改革探寻新的发展方向。

（一）文献分析法

文献研究法是根据一定的研究目的，通过相关文献来获得资料，从而全面、正确地了解及掌握所要研究问题的一种方法。在本书写作过程中，笔者查阅了大量关于高职院校思政课程混合式教学的书籍、期刊、报纸以及党和国家政策文件，积累了较为丰富的文献资料，并利用文献计量方法对混合式教学国内外研究情况进行了系统梳理，为本书的撰写奠定了基础。

（二）问卷调查法

本书面向两所高职院校的师生进行了走访座谈，并对本校学生进行了结构化深度访谈，深入了解高职院校思政课程混合式教学开展情况以及影响因素，为后续研究提供支持。通过对教师和学生的问卷调查，在对调研数据进行统计分析的基础上，本书运用教育学与统计学的理论框架，采用层次分析、结构方程模型等方法，对高职院校思政课程混合式教学的影响因素和效果进行了定性与定量的综合分析。

（三）个案研究法

本书以作者所在学校思政课程混合式教学为研究对象进行深入而具体的研究，分析了高职院校思政课程混合式教学的现实基础，结合本校实际对思政课程混合式教学设计和实践进行了介绍，并对实施效果进行了分析，结合本校访谈提炼出思政课程混合式教学实效性影响因素模型，从而构建起评价指标体系。

（四）行动研究法

在深入进行理论探索的同时，我们迅速启动实践性的研究活动。我们采取一种理论研究与实践操作相融合的方法，边进行学术研究，边投入实际操作，对研究成果进行修正和完善。我们致力于不断发掘和探索高职院校思想政治理论课程的混合式教学模式，以期找到最为高效和实用的教学方法。我们坚信，通过这种边研究、边实践、边完善的方式，我们能够为高职院校思政课程混合式教学的有效性提供可靠思路和解决方案，同时也为这一领域的发展贡献我们的一份力量。

四、研究技术路线

本书按照问题提出→文献综述与理论基础→现实基础→设计与实践→实效性调研分析→创新策略的章节设计，以理论分析→实例验证→效果评价→创新策略的逻辑进行组织。具体研究技术路线如图 1-2 所示。

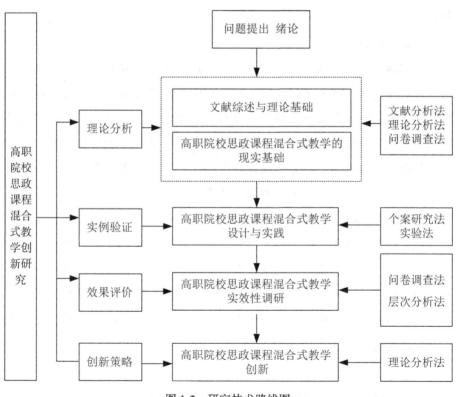

图 1-2　研究技术路线图

第二章　文献综述与理论基础

第一节　文献综述

本节我们主要使用由陈超美教授开发的文献计量和可视化分析工具 CiteSpace 进行混合式教学的知识图谱分析。CiteSpace 作为一款优秀的可视化文献分析软件，可以通过可视化手段来呈现学科知识的结构、规律以及分布情况，并生成可视化知识图谱，用于探究某一研究领域的研究热点、研究前沿。简单来说，面对海量的文献，CiteSpace 能够迅速锁定需要关注的关键信息和核心主题，帮助我们厘清其过去和现在的发展历程，得出当前活跃的前沿研究问题和未来发展趋势。

一、国外混合式教学研究

(一) 数据来源与分析工具

本部分选择的文献来自 WOS 核心合集，① 主题为"blended learning"或"blending learning"或"hybrid learning"，时间区间为：2003—2022 年近 20 年数据，语言选择"English"，文献类型为"Article"，共检索到 4561 篇文

---

① WOS 核心合集(Web of Science Core Collection)是由 Clarivate Analytics 开发和维护的学术文献数据库，收录了全球范围内的高质量学术期刊、会议论文和专利等资源。WOS 核心合集被广泛应用于学术研究、学术评价等领域，有重要的学术价值和影响力。

献。为使研究更为聚焦，研究类别选择为教育研究与教育科学研究，经筛选有 2378 篇文献。样本文献发表在 386 种期刊上，共 6740 位作者，来自 439 个国家的 4738 个机构。

运行 CiteSpace 6.1 软件，将 WOS 核心数据库检索到的 2003—2022 年近 20 年的国外混合式教学研究文献进行关键词分析。软件参数设置为：Time Slicing（时间切片）为 2003 年 1 月至 2022 年 12 月，Years Per Slice（切片年数）为 1 年；Text Processing（文本处理）的 Term Source（来源）选择：Title（标题）、Abstract（摘要）、Author Keywords（DE）、Keywords Plus（ID）；Node Types（节点类型）选择 Keyword（关键词）；Links（连线）选择：Strength（强度）为 Cosine；Scope（范围）为 Within Slice；Selection Criteria（选择标准）：Top N＝50；Pruning（修剪）选择 Pruning sliced networks（修剪切片网络）、Pruning the merged network（修剪合并网络）。

（二）结果可视化呈现与分析

1. 年发文量统计分析

文献年度发文量统计从某种程度上能体现混合式教学国外研究的整体情况和发展演进态势。从图 2-1 可以看出，2003—2022 年混合式教学国外研究大体可以分为三个阶段：①研究探索期（2003—2009 年），样本文献年发文量低于 50 篇，该阶段国外对混合式教学研究的整体关注度不高；②深入研究期（2010—2017 年），样本文献年发文量在 50—100 篇之

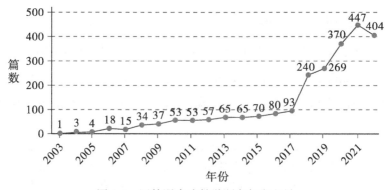

图 2-1　国外混合式教学研究年发文量

间，该阶段对混合式教学的研究逐步稳定和深入；③高速增长期（2018—2022年），2018年的文献数量出现突破性增长，达到240篇，是2017年（93篇）的2.5倍多，2018年后年发文量均在200篇以上，2021年达到447篇，体现出研究者对混合式教学研究的高度关注。

2. 国外混合式教学的研究热点

在 CiteSpace 软件中，选择主题词来源为文献标题（title）、摘要（abstract）、关键词（keyword）和标识符（identifiers）；不对算法中的选项进行勾选；可视化选项中选择 Cluter View-Static；设置 Time Scaling 的值为1，将 2003—2022 年分成 20 个时段进行处理。

从混合式教学关键词频次表（表2-1）中，我们可以看出，频次较高的关键词是 blended learning（混合式教学）、student（学生）、higher education（高等教育）、education（教育）、online（在线）、online learning（在线学习）、performance（表现）、perception（感知）、technology（技术）、flipped classroom（翻转课堂）、model（模型）、impact（影响）、satisfaction（满意）、design（设计）、engagement（参与）等。从中心性上看，频次较高的有 online learning（在线学习）、achievement（成绩）、community（社区）、education（教育）、engagement（参与）、active learning（积极学习）、technology（技术）、classroom（课堂）等。

关键词是对一篇文献核心概况的提取，对文献关键词进行分析可以对文献主题窥探一二。一篇文献给出的几个关键词一定存在着某种关联，而这种关联可以用共现的频次来表示。一般认为，某词语在同一篇文献中出现的次数越多，则代表该词与关键词之间的关系越紧密。运行 CiteSpace，得到 642 个关键词节点、1005 条连线，节点大小表示相应关键词出现频次的多少，节点越大，代表关键词出现的频次越多（图2-2）。

共现分析法利用文献集中词汇共同出现的情况，来确定该文献所代表学科中各主题之间的关系。统计一组文献的关键词两两之间在同一篇文献中出现的频次，便可形成一个由这些词关联所组成的共现网络，共现分析可以发现该领域研究的热点。

表 2-1　国外混合式教学研究关键词共现频次表

序号	频次	中心性	出现年度	关键词	序号	频次	中心性	出现年度	关键词
1	1270	0.07	2004	blended learning	20	83	0.02	2010	environment
2	346	0.01	2009	student	21	81	0.10	2005	medical education
3	343	0.01	2007	higher education	22	77	0.07	2004	knowledge
4	328	0.15	2006	education	23	75	0.02	2010	student engagement
5	279	0.01	2008	online	24	74	0.08	2012	teacher
6	185	0.38	2004	online learning	25	70	0.05	2006	hybrid learning
7	167	0.09	2008	performance	26	65	0.04	2006	instruction
8	162	0.01	2009	perception	27	63	0.06	2009	framework
9	161	0.12	2006	technology	28	60	0.21	2008	community
10	149	0.01	2014	flipped classroom	29	60	0.03	2008	distance learning
11	132	0.01	2011	model	30	59	0.01	2016	science
12	132	0.04	2010	impact	31	59	0.07	2006	distance education
13	111	0.05	2011	satisfaction	32	58	0.04	2005	skill
14	104	0.04	2009	design	33	58	0.01	2011	university
15	94	0.15	2010	engagement	34	57	0.13	2006	active learning
16	91	0.23	2008	achievement	35	57	0.02	2011	system
17	87	0.01	2016	experience	36	55	0.02	2014	outcome
18	86	0.11	2009	classroom	37	50	0.04	2010	participation
19	83	0.01	2013	motivation					

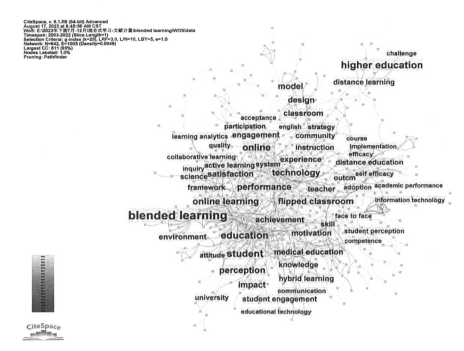

图 2-2 国外混合式教学研究关键词共现图谱

　　研究热点可以认为是某个领域学者共同关注的一个或多个话题，具有很强的时间性，一般用词频分析法和共现分析法对其进行分析。词频分析法是在文献信息中提取能够表达文献核心内容的关键词或主题词，并通过其出现的频次的分布情况，来研究该领域发展动向和研究热点的方法。此外，根据词的共现模式还可以进行更高层次的研究，可以通过共现分析的结果对所研究领域的主题进行分析。在对文献进行分析时，我们假定关键词是经过专业学习的学者在其论文中标引出来的关键词，是能够反映文章内容的，是值得信赖的指标，并且学者在标引关键词时，通常也会受到其他学者成果的影响而在论文中使用相同或者类似的关键词标引自己的论文。基于这一假设，针对关键词，使用词频分析法和共现分析法研究相关领域的热点内容、主题分布等结构问题就成为可能。对关键词频次和聚类进行热点分析有助于我们更好地了解国外混合式教学研究的重点。关键词是论文研究的浓缩呈现和表达，关键词出现频次高一般被认为是该领域的研究热点。通过 CiteSpace 软件，本研究得到国外混合式教学研究高频次关键词表和关键词共现图谱。

在共现图谱中，可以借助一些指标进行分析。Modularity 是网络模块化的评价指标，Modularity Q 值越大，表示网络得到的聚类越好，Modularity Q 值大于 0.3 就意味着得到的网络社团结构是显著的。Silhouette 值(用"S"表示)是用来衡量网络同质性的指标，越接近 1 代表网络的同质性越强，在 0.5 以上表示聚类结果具有合理性。通过 CiteSpace 软件，在得到的关键词共现图谱的基础上，对其进行聚类分析，形成聚类图谱，在混合式教学研究关键词聚类图谱(图 2-3)中，Q = 0.7788，S = 0.9126，说明聚类的结构显著，效率高。我们选取其中前 15 个聚类(表 2-2)，聚类标签为 student engagement (学生参与)、digital teaching (数字化教学)、instructional strategies(教学策略)、online learning(在线学习)、intrinsic motivation(内在

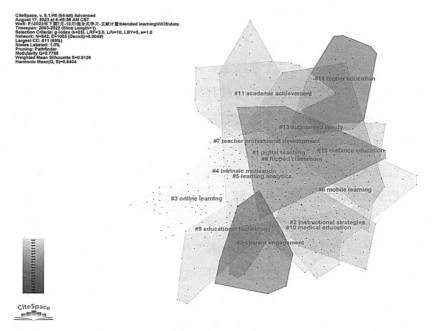

图 2-3　国外混合式教学研究关键词聚类图谱

动机）、learning analytics（学习分析）、mobile learning（移动学习）、teacher
professional development（教师专业化发展）、flipped classroom（翻转课堂）、
educational technology（教育技术）、medical education（医学教育）、academic
achievement（学业成绩）、distance education（远程教育）、augmented reality
（增强现实）、higher education（高等教育）。

表 2-2　国外混合式教学研究聚类表

序号	聚类标签	sise	Silhouette 值	平均 年度	聚类成员
0	student engagement	41	0.871	2012	computer-mediated communication；interactive learning environments；secondary education；cooperative/collaborative learning
1	digital teaching	27	0.929	2014	LMS（Learning Management System）；working；technology acceptance model；instruction
2	instructional strategies	26	0.800	2017	nursing students；elementary；student approaches to learning；blended learning pedagogy
3	online learning	26	0.949	2010	blended learning；face-to-face learning；student satisfaction；teaching/learning strategies
4	intrinsic motivation	23	0.870	2017	TPB（Theory of Planned Behavior）；cooperative learning；digital technologies；technology acceptance model
5	learning analytics	28	0.918	2014	self-regulated learning；intelligent tutoring systems；self-regulated learning strategies；motivation
6	mobile learning	24	0.921	2014	student-centered learning；distance learning/self instruction；first-year undergraduate/general；experiential learning

续表

序号	聚类标签	sise	Silhouette值	平均年度	聚类成员
7	teacher professional development	24	0.906	2017	teaching and learning; online and blended learning; blended learning（BL）; course management system
8	flipped classroom	26	0.876	2014	physics education; theology students; human-computer interface; learning management system
9	educational technology	20	0.963	2011	activity theory; case study; learning management system（LMS）; training
10	medical education	24	0.892	2013	undergraduate medical education; learning objects; student perception; active blended learning
11	academic achievement	20	0.924	2016	online courses; educational strategies; online learning; digital learning
12	distance education	23	0.996	2013	technology acceptance; UTAUT2; open educational practices; business management
13	augmented reality	19	0.930	2017	digital literacy; learning achievement; online teaching; game-based learning
14	higher education	23	0.983	2015	distance learning; learning technologies; e-learning implementation; science

其中，除5个聚类外，其他几个聚类的紧密程度（剪影度 S 值）均大于0.9，说明聚类效果较好，同时也间接表明国外混合式教学研究已形成了较为成熟的研究方向。根据图 2-3 的关键词聚类图谱，我们对研究主题的热点进行归纳总结，并对混合式教学研究的主题特征进行解构，这 15 个聚类可进一步归为技术、场景、影响三大类。一是混合式教学方法与技术应用，主要包括聚类 0 student engagement（学生参与）、1 digital teaching（数字化教学）、2 instructional strategies（教学策略）、8 flipped classroom（翻转课

堂）、9 educational technology（教育技术）、13 augmented reality（增强现实）；二是混合式教学适用场景，主要包括聚类 3 online learning（在线学习）、6 mobile learning（移动学习）、10 medical education（医学教育）、12 distance education（远程教育）、14 higher education（高等教育）；三是混合式教学的影响，主要包括聚类 4 intrinsic motivation（内在动机）、5 learning analytics（学习分析）、11 academic achievement（学业成绩）、7 teacher professional development（教师专业化发展）等。

3. 国外混合式教学研究演进路径

突现词（Burstness）图谱以时间为维度，反映热点关键词的演变历程，以及突现的动态概念、潜在的研究问题，可以体现研究主题的发展变化，表明国外混合式教学研究的演进脉络。突现词提取的基本原理是通过特定算法捕捉某个关键词在短时间内出现数量激增的现象。突现词的突现状态通常具有 2 年以上的时间延续性，能够预判未来一段时间内研究主题的动态变化趋势。本书选择 Burst detection 算法进行突发词探测，得到 25 个突现关键词（图2-4）。在突现词探测图谱中，Begin 和 End 分别表示关键词突现的起始年份和结束年份，Strength 表示突现强度，深黑色的区块表示突现时间段。

本项研究成功识别并获取了在混合式教学研究领域中排名前 25 位的突出关键词。这些关键词均具有显著的突现强度，不低于 3，可以被定义为该领域的领先关键词。在所有突现词中，强度排名前三的分别是"teaching/learning strategy"（教/学策略），达到了 11.15 的强度；"interactive learning environment"（互动学习环境），以 6.8 的强度居次位；"improving classroom teaching"（优化课堂教学），以 6.47 的强度排在第三。

若从历年突现关键词的变化趋势来看，2006 年开始出现的关键词包括指导、远程教学和沟通，这些词的出现标志着混合式教学研究领域的初步形成和早期探索。到了 2007 年，研究视野进一步拓宽，出现了"教育媒介"和"计算机"这样的关键词，显示教学手段和工具的进步。进入 2010 年，研究开始聚焦学科领域的具体应用，同时探索社区探究理论中的社会

Top 25 Keywords with the Strongest Citation Bursts

Keywords	Year	Strength	Begin	End	2003 - 2022
instruction	2006	5.24	**2006**	2014	
distance education	2006	4.58	**2006**	2014	
communication	2006	3.22	**2006**	2014	
media in education	2007	5.1	**2007**	2010	
computer	2007	3.83	**2007**	2011	
teaching/learning strategy	2008	11.15	**2008**	2013	
interactive learning environment	2008	6.8	**2008**	2016	
improving classroom teaching	2008	6.47	**2008**	2013	
computer-mediated communication	2008	5.22	**2008**	2013	
social presence	2009	3.51	**2009**	2010	
applications in subject area	2010	5.59	**2010**	2013	
conception	2010	3.46	**2010**	2012	
post-secondary education	2010	3.31	**2010**	2011	
web-based learning	2010	3.22	**2010**	2012	
attitude	2008	5.38	**2011**	2014	
learning outcome	2013	4.53	**2013**	2016	
medical education	2005	3.64	**2013**	2016	
undergraduate education	2014	3.08	**2014**	2016	
efficacy	2011	3.2	**2016**	2017	
management system	2016	3.14	**2016**	2018	
metaanalysis	2013	4.38	**2017**	2018	
information	2007	3.56	**2017**	2019	
learning style	2004	3.08	**2018**	2020	
blended learning environment	2013	3.17	**2019**	2020	
social media	2017	4.03	**2020**	2022	

图 2-4　25 个突现词

存在感以及网络学习的可能性。2013 年，研究的焦点进一步细化，开始集中在学习结果、大学教育、医学教育、管理系统和信息技术等方面，这表明研究者们开始关注混合式教学在实际应用中的效果和影响。到了 2019 年，研究兴趣逐渐转向混合式教学环境和社会媒体，这反映了新兴技术对教学模式的影响以及社会媒体在教育中的潜在作用。这一转变揭示了该领域研究的最新动态和未来的发展方向。

（三）国外混合式教学研究总结

本研究通过采用文献计量和图谱可视化，对近 20 年（2003—2022 年）国外混合式教学研究文献进行检索和筛选，共选择 2378 篇英文文献，主要以关键词为节点进行研究热点、演进脉络以及未来趋势等系统化分析。研究发现，国外混合式教学研究文献具有以下特征。

1. 发文数量

从 2003 年的第 1 篇文章开始，文献年度发文量呈现出稳定且显著的增长趋势，到 2021 年已经达到了 447 篇的高水平。这一增长过程可以细分为三个阶段：研究探索期、深入研究期和高速增长期。在研究探索期，文献发文量刚刚起步，增长速度相对缓慢。随着研究领域的不断拓展和深入，文献发文量进入了深入研究期，增长速度明显加快。到了高速增长期，文献发文量更呈现出井喷式增长，充分反映了该领域研究的广泛性和重要性。

2. 研究热点

经过深入的关键词共现频次及聚类分析，我们确定了当前研究的核心热点，这些热点主要集中于三个维度。首先，混合式教学方法与技术应用是研究的重中之重，具体涵盖了学生参与、数字化教学、教学策略、翻转课堂、教育技术以及增强现实技术等多个方面。其次，混合式教学适用场景也是研究的热点之一，这包括在线学习、移动学习、医学教育、远程教育以及高等教育等多元化的应用场景。最后，混合式教学的影响也是不容忽视的研究方向，这主要体现在内在动机、学习分析、学业成绩以及教师专业化发展等方面。

3. 演进脉络与未来趋势

通过对突现词的分析，我们可以发现，学界研究的兴趣正在逐步转移至混合式教学环境以及社会媒体。这种转移或许映射了新兴技术对教学模式产生的影响，同时也揭示了社会媒体在教育领域中所具有的潜在作用。这样的转变，不仅体现了该领域研究的最新趋势，同时也指明了未来的发展方向。在这个趋势中，混合式教学环境和社会媒体已成为教育领域的重要研究对象，而新兴技术对教学模式的影响，以及社会媒体在教育中的作用，也成为学者关注的焦点。

二、国内混合式教学研究

(一)数据来源与分析工具

我们于 2023 年 3 月 10 通过中国知网(CNKI)全文数据库对学术期刊进行文献检索，检索条件为：主题为"混合式教学"或"混合式学习"或"blended learning"或"blending learning"，时间区间为 2003—2022 年(近 20 年)，文献来源为 CSSCI 期刊，文献类型为学术论文，共获得 951 篇文献，经阅读文献标题和摘要，删除书评以及与本研究无关的论文 270 篇，最后选取 681 篇文献纳入计量统计分析。

把这些文献整理后导入 CiteSpace6.1 软件，以进行网络共现可视化分析，同时为便于进一步进行文献分析，也可把所有文献导入 NoteExpress 文献管理工具，并获取全文。

为此，研究选取 CNKI 收录的 2003—2022 年近 20 年发表在 CSSCI 期刊的 681 篇文献，利用文献计量和知识图谱可视化，全面展示国内混合式教学(或混合式学习)研究的历史脉络和主题演进特征，为进一步深化混合式教学研究提供借鉴。

(二)结果呈现与分析

1. 国内混合式教学研究的发文量分析

使用文献计量的方式分析国内混合式教学研究领域的发展历程时，根据发文量的年度增长规律，对发文量进行年度统计分析，可以呈现国内混合式教学的研究状况。从图 2-5 可知，国内混合式教学研究发文量整体呈上升趋势。

按年度统计样本文献的发文数量可以形成如图 2-5 所示的折线图，由该图可知，本次文献搜索虽然是从 2003 年开始，但文献首次出现是 2004年，根据年发文量情况大致可以把混合式教学研究分为三个阶段：2004—

图 2-5 2003—2022 年国内混合式教学研究发文量

2013 年为研究起步阶段，研究的年发文量均不高于 20 篇；2014—2019 年为平稳增长期，年发文量在 30~70 篇之间；2019—2022 年为高速发展期，尤其是 2020 年为 95 篇和 2021 年为 102 篇（2022 年偏少，可能是由于检索文献的时间较早，使得部分 2022 年文献暂时未上网）。

2. 高被引文献

核心文献是一个学科的基础，可以很好地了解该领域研究的情况，高被引文献有助于对该领域的研究历史、核心内容和前沿问题做出梳理和预测。为深入探究混合式教学研究现状，通过中国知网结合被引频次和研究主题，我们选取其中高被引文献中的前十篇（表 2-3）进行分析。

表 2-3 混合式教学高被引文献（前 10）

序号	篇名	作者	刊名	发表时间	被引次数
1	从 Blending Learning 看教育技术理论的新发展（上）	何克抗	电化教育研究	2004 年 3 月	4017
2	混合学习的原理与应用模式	李克东、赵建华	电化教育研究	2004 年 7 月	2538
3	建设中国"金课"	吴岩	中国大学教学	2018 年 12 月	2496

续表

序号	篇名	作者	刊名	发表时间	被引次数
4	国内外混合式教学研究现状述评——基于混合式教学的分析框架	冯晓英等	远程教育杂志	2018 年 5 月	1422
5	混合式教学的理论基础与教学设计	李逢庆	现代教育技术	2016 年 9 月	1251
6	基于混合式学习的课程设计理论	黄荣怀等	电化教育研究	2009 年 1 月	1238
7	雨课堂：移动互联网与大数据背景下的智慧教学工具	王帅国	现代教育技术	2017 年 5 月	1227
8	基于"翻转课堂"的新型混合式教学模式研究	张其亮、王爱春	现代教育技术	2014 年 4 月	1109
9	网络环境下的混合式教学——一种新的教学模式	余胜泉等	中国大学教学	2005 年 10 月	1019
10	混合学习：定义、策略、现状与发展趋势——与美国印第安纳大学柯蒂斯·邦克教授的对话	詹泽慧、李晓华	中国电化教育	2009 年 12 月	905

理论上来说，文献的被引次数越多，则该文的影响力越大。其中北京师范大学何克抗教授 2004 年发表的《从 Blending Learning 看教育技术理论的新发展(上)》一文将混合式教学这一概念引入国内，该文无论从被引次数还是下载次数都高居榜首。在该文中，何教授从对建构主义理论的反思、对信息技术教育应用认识的深化，以及关于信息技术与课程整合理论的建构和关于教学设计理论的发展四个方面分析了这场教育思想观念大变革所产生的重大影响。同样发表于 2004 年李克东等人的《混合学习的原理与应用模式》主要对混合学习的理论基础、基本原理、过程设计和应用模

式等问题进行探讨，认为混合学习是在线学习与课堂教学的有机结合，可以促进传统教学模式的变革。2018年吴岩在《建设中国"金课"》一文中，重点讲了三个核心问题：一是什么是"金课"，二是打造五大"金课"，三是建设"金课"的五大保障。2019年教育部推出国家一流课程建设和认定，其中就包括线上线下混合式一流课程，随后国内对混合式教学的研究开始激增（图2-5的年发文量也能证明这一点）。冯晓英教授等在2018年发表的《国内外混合式教学研究现状述评——基于混合式教学的分析框架》系统分析了国内外混合式教学研究，并指出：当前混合式教学也存在实证研究较少、理论研究落后于实践应用等问题，并且提出未来混合式教学的研究和实践重点：关注"互联网+"混合式教学模式研究、混合式教学能力准备研究、混合式教师培训与教师专业化发展、机构层面及混合式教学评价和混合式教学环境下的学习分析五个方面。李逢庆的《混合式教学的理论基础与教学设计》一文将掌握学习理论、首要教学原理、深度学习理论和主动学习理论作为混合式教学的理论基础，构建了ADDIE教学设计模型，阐释了混合式课程的教学设计，并对混合式教学实施过程中课前、课中、课后三个阶段的师生活动进行了深入探讨。其他几篇文献也从不同方面对混合式教学进行了阐述。我们发现这些文献研究内容和重点聚焦在两个方面：一是混合式教学的界定和理论基础，李克东、李逢庆、冯晓英等人的文献对此都进行了分析；二是混合式教学设计与应用，吴岩、李逢庆、王帅国、张其亮等人的文献对此都进行了阐述。

3. 混合式教学研究热点聚焦

关键词高度凝练文章的核心内容，是表征研究热点的最直接元素。关键词共现、关键词聚类等研究方法是反映样本文献中关键词关联程度与核心地位的重要研究方法，有利于聚焦研究方向，解构混合式教学的本质特征。

（1）关键词共现

我们从国内混合式教学关键词共现频次表（表2-4）中可以看出，频次较高的关键词是混合学习、翻转课堂、教学模式、教学设计、慕课。从中心性上看，频次较高的有混合学习、翻转课堂、混合教学、在线学习、教学设计。

表 2-4　混合式教学关键词共现频次表

序号	频次	中心性	出现年度	关键词	序号	频次	中心性	出现年度	关键词
1	125	0.76	2004	混合学习	13	10	0.05	2016	大学英语
2	48	0.17	2014	翻转课堂	14	9	0.03	2010	移动学习
3	32	0.12	2008	教学模式	15	9	0.02	2018	线上线下
4	31	0.10	2004	教学设计	16	9	0.01	2020	课程思政
5	31	0.07	2014	慕课	17	8	0.00	2013	学习分析
6	20	0.05	2011	教学改革	18	8	0.01	2015	高等教育
7	19	0.13	2004	在线学习	19	7	0.00	2007	策略
8	18	0.03	2017	深度学习	20	7	0.02	2011	学习效果
9	17	0.15	2016	混合教学	21	7	0.06	2018	人工智能
10	15	0.03	2018	在线教学	22	6	0.00	2013	元分析
11	11	0.07	2011	影响因素	23	6	0.02	2017	雨课堂
12	10	0.05	2014	在线教育					

运行 CiteSpace，得到 409 个关键词节点、614 条连线，节点大小表示相应关键词出现频次的多少，节点越大，代表关键词出现的频次越多。从表 2-4 和图 2-6，我们可以看出混合式教学研究的热点在于学生混合式学习以及教学改革(翻转课堂、教学模式、教学设计)等。

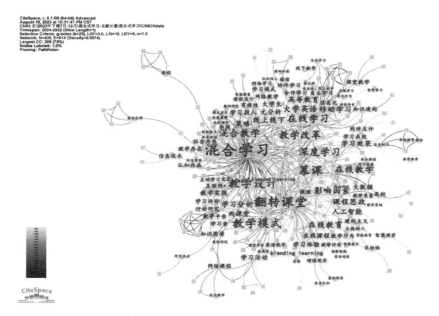

图 2-6 混合式教学关键词共现图谱

(2)关键词聚类

从前面分析中，我们知道 Modularity Q 值越大，表示网络得到的聚类越好，Modularity Q 值大于 0.3 就意味着得到的网络社团结构是显著的。Silhouette 值是用来衡量网络同质性的指标，越接近 1 代表网络的同质性越强，在 0.5 以上表示聚类结果具有合理性。通过 CiteSpace 软件，在得到的关键词共现图谱的基础上，对其进行聚类分析，形成聚类图谱，在国内混合式教学研究关键词聚类图谱(图 2-7)中，Q = 0.7894，S = 0.9313，表明聚类的结构显著，效率高。

通过聚类主题以及标识词分析可以揭示混合式教学研究领域的知识结构和热点问题动态，其中标识词的权值较大者为聚类中的主要研究热点。根据图 2-7 的关键词聚类图谱，结合表 2-5 的核心标签词，我们对研究主题的热点进行归纳总结，并对国内混合式教学研究的主题特征进行解构，研究主要集中在以下几个方面：一是混合式教学的界定与理论基础，主要

图 2-7 国内混合式教学研究关键词聚类图谱

包括聚类 0 混合学习（建构主义、社区探究理论）、聚类 2 教学模式、聚类 6 混合教学（信息时代）；二是混合式教学改革与设计，主要包括聚类 1 教学改革、聚类 3 翻转课堂、聚类 5 教学设计、聚类 7 策略、聚类 9 课程思政、聚类 10 在线学习；三是混合式教学影响因素与学习效果，主要包括聚类 4 自主学习、聚类 8 影响因素、聚类 11 实践效果。

表 2-5 混合式教学研究主题聚类情况

聚类	聚类名称	数量	Silhouette 值	平均年度	聚类成员
0	混合学习	53	0.966	2014	社会存在；认知存在；教学存在；混合式教学
1	教学改革	33	0.928	2017	慕课；人工智能；线上线下；区块链
2	教学模式	30	0.935	2013	学习活动；网络课程；质性研究；在线教育
3	翻转课堂	25	0.886	2016	金课；知识图谱；元认知；科学计量

续表

聚类	聚类名称	数量	Silhouette值	平均年度	聚类成员
4	自主学习	25	0.957	2012	学习效果；移动学习；合作学习；无线通信
5	教学设计	23	0.922	2014	建构主义；学习体验；blending learning；信息技术与课程整合
6	混合教学	22	0.907	2014	信息技术；认知投入；信息时代；实践
7	策略	19	0.926	2010	网络教学；创新能力；公共计算机
8	影响因素	16	0.924	2014	教学质量；高校；培养模式；混合教学环境
9	课程思政	16	0.82	2017	大学英语；微信；微课
10	在线学习	16	0.962	2015	课堂教学；综合英语口语任务；交互性；制度创新
11	实践效果	12	0.973	2009	PBL(Problem-Based Learning，基于问题驱动学习)；技术平台；协作任务；协作探究

4. 国内混合式教学研究演进脉络

为了直观展示关键词分布的时间脉络变迁，根据关键词之间的共现情况，我们生成了关键词共现时区图(图2-8)，并采用 LLR 算法进行关键词聚类，根据关键词节点所属的聚类(纵坐标)和时间(横坐标)，将各节点分布在相应的位置上，从而得到关键词时间线图谱(图2-9)，并且依据突现词分析能帮助我们发现在某一时间段内出现频次及其变化的情况，为此我们也生成了突现词图谱(图2-10)，三者都是结合了时间要素来可视化展现研究的关注热点与重点，从而我们可以发现不同时期研究关注的重点，使研究者更好地发现研究演进趋势和脉络。

从关键词三个图谱中，我们可以发现，国内混合式教学研究呈现以下几方面特征：一是混合式学习的理论与设计贯穿全程。混合式学习是一个不断发展的概念。混合式学习概念的提出，对教学设计理论和方法研究、信息技术与课程整合产生了深刻的影响，激发了对混合式教学理念的深入

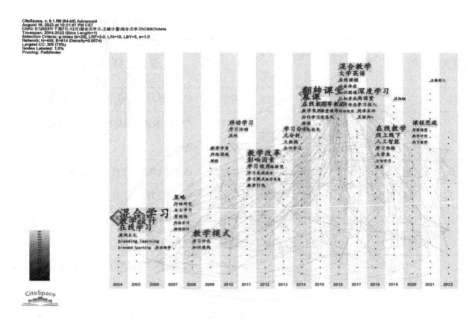

图 2-8　国内混合式教学研究关键词共现时区图

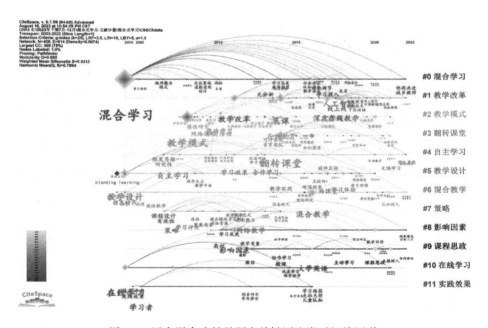

图 2-9　国内混合式教学研究关键词聚类时间线图谱

Top 20 Keywords with the Strongest Citation Bursts

Keywords	Year	Strength	Begin	End	2004−2022
教学设计	2004	2.47	2004	2006	
blending learning	2004	2.17	2004	2011	
策略	2007	2.15	2007	2013	
网络课程	2009	2.13	2009	2013	
学习模式	2011	1.9	2011	2015	
网络教学	2012	2.28	2012	2014	
翻转课堂	2014	5.34	2014	2017	
慕课	2014	2.83	2016	2017	
移动学习	2010	2.56	2016	2017	
学习分析	2013	2.67	2017	2019	
雨课堂	2017	2.52	2017	2019	
深度学习	2017	2.62	2018	2022	
学习体验	2018	2.56	2018	2019	
线上线下	2018	2.26	2018	2020	
大学生	2018	2.02	2018	2020	
影响因素	2011	1.82	2019	2020	
在线教学	2018	6.54	2020	2022	
课程思政	2020	3.69	2020	2022	
大学英语	2016	2.69	2020	2022	
高等教育	2015	1.87	2020	2022	

图 2-10 国内混合式教学突现词图谱

研究，为混合式教学的形成与发展奠定了理论基础。从初期关注混合式教学理论基础、到混合式教学设计以及混合式教学实践，2013 年开始关注混合式教学的学习分析与新场景下的教学设计，混合式理论不断深入。二是在线学习是混合式教学中的重要内容，从时区图中我们看到在线学习出现很早(2004 年)，同时与在线学习有关的聚类持续时间较长。三是混合式学习效果与体验成为混合式教学关注的核心内容。学者从 2012 年开始就关注学习效果与学习成效，并注重混合式教学中的学习分析以及影响因素探讨。四是环境变化使得混合式教学不断深入，而近期(2020—2022 年)课程思政、实验教学、智慧教学、线上教学成为研究的热点。

（三）国内混合式教学研究总结

研究选择 CNKI 数据库中的 CSSCI 期刊中文文献作为来源，通过文献计量和图谱可视化，对近 20 年（2003—2022 年）国内混合式教学研究文献进行检索和筛选，选择 681 篇文献，主要以发文量、高被引文献、关键词共现等进行研究热点、演进脉络等的分析。研究发现，国内混合式教学研究文献具有以下特征：

1. 发文数量

国内发文量从 2004 年开始，大体分为研究起步、平稳增长和高速发展期。尤其是在高速发展期，发文量均超过 100 篇，充分展现了该领域研究活动的活跃度和影响力。

2. 研究热点

国内混合式教学已成为研究的焦点，主要集中在以下几个方面：一是关于混合式教学的定义及其理论基础的探究，这是研究的基础部分。学者们试图从不同角度、不同层面来阐述混合式教学的内涵，以及其理论根源，为后续的研究提供理论支持。二是关于混合式教学的改革与设计，这也是一个热门话题。研究者们关注如何将传统教学与网络教学相结合，以达到更好的教学效果，探讨如何设计有效的混合式教学方案，以满足不同学科、不同学生的需求。三是关于混合式教学的影响因素，这也是研究的一个重要方面。研究者们试图找出影响混合式教学效果的各种因素，如教师素质、教学资源、学生学习习惯等，以便在实际教学中加以控制和调整。四是关于混合式教学对学习效果的影响，这是研究的最终目的。研究者们通过实证研究，探讨混合式教学对学习效果的影响，以期为我国教育改革提供有益的参考。总的来说，国内混合式教学研究的热点主要聚焦在混合式教学的定义及其理论基础、混合式教学的改革与设计、混合式教学的影响因素与对学习效果的影响上，这些热点问题相互交织，共同推动了我国混合式教学研究的发展。

3. 演进脉络与未来趋势

研究发现，国内混合式教学研究的演进主要有以下特征：一是混合式教学理论与设计推动教学设计理论和方法研究的创新，为混合式教学奠定理论基础。二是在线学习是混合式教学的关键，自2004年持续至今，对混合式教学影响深远，从MOOC到SPOC，教学实践一直处于探索之中。三是学习效果与体验，自2012年起，关注学习效果与影响因素成为研究的热点。四是环境变化推动混合式教学深入发展，近期热点包括课程思政、实验教学、智慧教学和线上教学。

三、国内外混合式教学研究综述

本部分主要通过文献计量法，对国外和国内混合式教学研究进行定量分析。在国外混合式教学研究方面，我们选取了Web of Science(Wos)核心库中教育研究与教育技术领域的相关文献作为研究样本。而在国内混合式教学研究方面，我们则选取了中国知网(CNKI)文献库中CSSCI中的相关文献作为研究对象。为了更直观地展示研究结果，我们运用了可视化工具CiteSpace对国内外文献的发文量、关键词共现、聚类、时区图以及突现词等进行了系统梳理和分析。

(1)通过对混合式教学发文量的研究，我们发现国内外混合式教学研究的文献增长都很快，但整体上国内引入较晚，在研究的深度上还有待进一步提升。

(2)通过对国内外混合式教学研究的关键词分析，发现国内外都在混合式教学理论基础和对学生影响方面的研究较多。国内研究侧重点在混合式教学的研究设计上，国外研究侧重点在于对混合式教学的效果评价上，尤其是对学生的影响上。

(3)通过对国内和国外混合式教学研究演进脉络进行对比分析，我们发现从开始引入混合式教学，到在线学习发展助推混合式教学研究的深入，国内学界更多关注课程思政、人工智能赋能混合式教学等问题。

通过对混合式教学的研究热点、研究趋势与前沿问题的深入剖析，我们得出了一系列具有价值的结论。这些结论不仅为我们揭示了混合式教学研究的发展脉络，也为我们今后进一步探索混合式教学改革提供了重要的理论依据和实践指导。总的来说，本部分的研究既是对混合式教学研究现状的一次全面梳理，也是对混合式教学未来发展的一次有益探索。通过上述分析可知，国内外虽然对混合式教学进行了多方面的研究，但对混合式教学实效性的研究并不多见。因此，本书主要针对高职院校思政课程混合式教学实效性进行分析，并提出混合式教学创新策略。

第二节　理 论 基 础

混合式教学相较于传统教学模式，展现出丰富的创新特质，涵盖了教学理念、教学内容、教学形式以及教学评价等多个方面。这一创新性为我国高职院校思政课程教学改革提供了新的发展契机。近年来，高职院校思政课程不断融入混合式教学模式，取得了显著的阶段性成果。值得注意的是，高职院校思政课程混合式教学的诞生、推进及实施并非空中楼阁，而是源于扎实的理论根基。

移动互联网时代高职院校思政课程混合式教学实效性分析与创新性研究需要在多个理论指导下，而不能限于单一理论的视角。但思政课程作为国家层面的人才培养方面的指导性课程，习近平总书记关于高职院校思政课程教学与建设的重要论述成为其主要指导思想和理论基础。作为一种新的学习范式，混合式学习并没有固定的模式。不同学段、不同情境、不同目标的混合式学习应当有具体的不同模式，因此也适合用不同的理论基础进行解释。不同的学习理论适用于不同的目标层次，行为主义、认知主义、建构主义、联通主义分别适用于布鲁姆目标分类中由低到高的认知目标。冯晓英等人研究指出："互联网+教育"的混合式学习适合用建构主义或联通主义理论来解释，分别适合于解释个性化知识的自主建构和创造性知识的生成，不论基于哪种学习理论的混合式学习，加里森等人提出的社区探究理论都能够适用，是混合式教学通用的理论基础。因此，我们认为混合式教学的理论基础主要包括建构主义学习理论、联通主义学习理论、社区探究理论。这些理论为混合式教学的开展、执行和创新提供了相应的支撑和依据。

一、习近平总书记对思政课程教学的重要论述

党的十八大以来，习近平总书记对思政课程的建设多次发表重要讲话，提出了一系列新颖且具有深远意义的论述，这些论述全面解答了思政课程建设的根本性重大理论和实践问题。

表 2-6　习近平总书记关于思政课程的重要论述

时间	会议讲话或论述	内容（节选）
2016 年 12 月 7—8 日	习近平总书记在全国高校思想政治工作会议上强调	高校思想政治工作关系高校培养什么样的人、如何培养人以及为谁培养人这个根本问题。要坚持把立德树人作为中心环节，把思想政治工作贯穿教育教学全过程，实现全程育人、全方位育人，努力开创我国高等教育事业发展新局面 要坚持不懈传播马克思主义科学理论，抓好马克思主义理论教育，为学生一生成长奠定科学的思想基础 要用好课堂教学这个主渠道，思想政治理论课要坚持在改进中加强，提升思想政治教育亲和力和针对性，满足学生成长发展需求和期待，其他各门课都要守好一段渠、种好责任田，使各类课程与思想政治理论课同向同行，形成协同效应 教师是人类灵魂的工程师，承担着神圣使命。传道者自己首先要明道、信道。高校教师要坚持教育者先受教育，努力成为先进思想文化的传播者、党执政的坚定支持者，更好担起学生健康成长指导者和引路人的责任。要加强师德师风建设，坚持教书和育人相统一，坚持言传和身教相统一，坚持潜心问道和关注社会相统一，坚持学术自由和学术规范相统一，引导广大教师以德立身、以德立学、以德施教

续表

时间	会议讲话或论述	内容(节选)
2019 年 3 月 18 日	习近平总书记在学校思想政治理论课教师座谈会上作重要讲话	思政课程是落实立德树人根本任务的关键课程,思政课程作用不可替代,思政课程教师队伍责任重大 办好思政课程,最根本的是要全面贯彻党的教育方针,解决好培养什么人、怎样培养人、为谁培养人这个根本问题 "经师易求,人师难得。"教师承载着传播知识、传播思想、传播真理、塑造灵魂、塑造生命、塑造新人的时代重任。思政课程教师,要给学生心灵埋下真善美的种子,引导学生扣好人生第一粒扣子 青少年是最活跃的群体,思政课程建设要向改革创新要活力。如果做一天和尚撞一天钟,照本宣科、应付差事,那"到课率""抬头率"势必大打折扣。很多学校在思政课程上积极采用案例式教学、探究式教学、体验式教学、互动式教学、专题式教学、分众式教学等,运用现代信息技术等手段建设智慧课堂等,取得了积极成效。这些都值得肯定和鼓励 思想政治理论课是落实立德树人根本任务的关键课程。青少年阶段是人生的"拔节孕穗期",最需要精心引导和栽培。我们办中国特色社会主义教育,就是要理直气壮开好思政课程,用新时代中国特色社会主义思想铸魂育人,引导学生增强中国特色社会主义道路自信、理论自信、制度自信、文化自信,厚植爱国主义情怀,把爱国情、强国志、报国行自觉融入坚持和发展中国特色社会主义事业、建设社会主义现代化强国、实现中华民族伟大复兴的奋斗之中。思政课程作用不可替代,思政课程教师队伍责任重大
2020 年 9 月 16—18 日	习近平在湖南考察时强调	要把课堂教学和实践教学有机结合起来,充分运用丰富的历史文化资源,紧密联系中国共产党和中国人民的奋斗历程,深刻领悟马克思主义中国化的内在道理,深刻领悟为什么历史和人民选择了中国共产党和社会主义,进一步坚定"四个自信"

续表

时间	会议讲话或论述	内容（节选）
2020 年 9 月 22 日	习近平在教育文化卫生体育领域专家代表座谈会上强调	要坚持社会主义办学方向，把立德树人作为教育的根本任务，发挥教育在培育和践行社会主义核心价值观中的重要作用，深化学校思想政治理论课改革创新，加强和改进学校体育美育，广泛开展劳动教育，发展素质教育，推进教育公平，促进学生德智体美劳全面发展，培养学生爱国情怀、社会责任感、创新精神、实践能力
2021 年 3 月 6 日	习近平看望参加全国政协会议的医药卫生界教育界委员时指出	"大思政课程"我们要善用之，一定要跟现实结合起来。上思政课程不能拿着文件宣读，没有生命、干巴巴的
2022 年 4 月 25 日	习近平在中国人民大学考察时强调	思政课程的本质是讲道理，要注重方式方法，把道理讲深、讲透、讲活，老师要用心教，学生要用心悟，达到沟通心灵、启智润心、激扬斗志(的目的)
2024 年 3 月 18 日	习近平在湖南考察时的讲话	学校要立德树人，教师要当好大先生，不仅要注重提高学生知识文化素养，更要上好思政课程，教育引导学生明德知耻，树牢社会主义核心价值观，立报国强国大志向，努力成为堪当强国建设、民族复兴大任的栋梁之才
2024 年 5 月 11 日	习近平总书记对学校思政课程建设做出重要指示	新时代新征程上，思政课程建设面临新形势新任务，必须有新气象新作为。要全面贯彻党的教育方针，落实立德树人根本任务，坚持思政课程建设与党的创新理论武装同步推进，深入推进大中小学思想政治教育一体化建设。要始终坚持马克思主义指导地位，以中国特色社会主义取得的举世瞩目成

续表

时间	会议讲话 或论述	内容(节选)
		就为内容支撑，以中华优秀传统文化、革命文化和社会主义先进文化为力量根基，把道理讲深讲透讲活，守正创新推动思政课程建设内涵式发展，不断提高思政课程的针对性和吸引力。要着力建设一支政治强、情怀深、思维新、视野广、自律严、人格正的思政课程教师队伍 各级党委(党组)要把思政课程建设摆上重要议程，各级各类学校要自觉担起主体责任，不断开创新时代思政教育新局面，努力培养更多让党放心、爱国奉献、担当民族复兴重任的时代新人

从表 2-6 中我们可以看出，习近平总书记一直关心思政课程，在多种场合阐述了思政课程的重要性和建设要求，亲自主持召开学校思想政治理论课教师座谈会，观摩思政课程智慧教室现场教学，并就思政课程发表了一系列重要讲话。

(一)思政课程是落实立德树人根本任务的关键课程

2019 年 3 月 18 日，习近平总书记在学校思想政治理论课教师座谈会上指出：思政课程是落实立德树人根本任务的关键课程，思政课程作用不可替代，思政课程教师队伍责任重大。2016 年 12 月 7 日至 8 日，习近平总书记在全国高校思想政治工作会议上强调，高校思想政治工作关系高校培养什么样的人、如何培养人以及为谁培养人这个根本问题。要坚持把立德树人作为中心环节，把思想政治工作贯穿教育教学全过程，实现全程育人、全方位育人，努力开创我国高等教育事业发展新局面。

(二)思政课程最根本的是要全面贯彻党的教育方针

2019 年 3 月 18 日，习近平总书记在学校思想政治理论课教师座谈会上强调：办好思政课程，最根本的是要全面贯彻党的教育方针，解决好培养什么人、怎样培养人、为谁培养人这个根本问题。2020 年 9 月 22 日，习近平总书记在教育文化卫生体育领域专家代表座谈会上强调：要坚持社会主义办学方向，把立德树人作为教育的根本任务，发挥教育在培育和践行社会主义核心价值观中的重要作用，深化学校思想政治理论课改革创新，加强和改进学校体育美育，广泛开展劳动教育，发展素质教育，推进教育公平，促进学生德智体美劳全面发展，培养学生爱国情怀、社会责任感、创新精神、实践能力。

（三）思政课程要抓好马克思主义理论教育

2016 年 12 月 7 日至 8 日，习近平总书记在全国高校思想政治工作会议上强调：要坚持不懈传播马克思主义科学理论，抓好马克思主义理论教育，为学生一生成长奠定科学的思想基础。

2019 年 3 月 18 日，习近平总书记在学校思想政治理论课教师座谈会上指出：就是要理直气壮开好思政课程，用新时代中国特色社会主义思想铸魂育人，引导学生增强中国特色社会主义道路自信、理论自信、制度自信、文化自信，厚植爱国主义情怀，把爱国情、强国志、报国行自觉融入坚持和发展中国特色社会主义、建设社会主义现代化强国、实现中华民族伟大复兴的奋斗之中。

（四）思政课程教学要用好课堂教学这个主渠道

2016 年 12 月 7 日至 8 日，习近平总书记在全国高校思想政治工作会议上指出：要用好课堂教学这个主渠道，思想政治理论课要坚持在改进中加强，提升思想政治教育亲和力和针对性，满足学生成长发展需求和期待，其他各门课都要守好一段渠、种好责任田，使各类课程与思想政治理论课同向同行，形成协同效应。

2020 年 9 月 16 日至 18 日，习近平总书记在湖南考察时强调：要把课堂教学和实践教学有机结合起来，充分运用丰富的历史文化资源，紧密联系中国共产党和中国人民的奋斗历程，深刻领悟马克思主义中国化的内在道理，深刻领悟为什么历史和人民选择了中国共产党和社会主义，进一步坚定"四个自信"。

（五）办好思政课程关键在教师

2019 年 3 月 18 日，习近平总书记在学校思想政治理论课教师座谈会上指出："经师易求，人师难得。"教师承载着传播知识、传播思想、传播真理，塑造灵魂、塑造生命、塑造新人的时代重任。思政课程教师，要给学生心灵埋下真善美的种子，引导学生扣好人生第一粒扣子。

2016 年 12 月 7 日至 8 日，习近平总书记在全国高校思想政治工作会议上强调：教师是人类灵魂的工程师，承担着神圣使命。传道者自己首先要明道、信道。高校教师要坚持教育者先受教育，努力成为先进思想文化的传播者、党执政的坚定支持者，更好担起学生健康成长指导者和引路人的责任。要加强师德师风建设，坚持教书和育人相统一，坚持言传和身教相统一，坚持潜心问道和关注社会相统一，坚持学术自由和学术规范相统一，引导广大教师以德立身、以德立学、以德施教。

（六）"大思政课程"我们要善用之

2021 年 3 月 6 日，习近平总书记看望参加全国政协会议的医药卫生界教育界委员时指出："大思政课程"我们要善用之，一定要跟现实结合起来。上思政课程不能拿着文件宣读，没有生命、干巴巴的。2019 年 3 月 18 日，习近平总书记在学校思想政治理论课教师座谈会上强调：青少年是最活跃的群体，思政课程建设要向改革创新要活力。如果做一天和尚撞一天钟，照本宣科、应付差事，那"到课率""抬头率"势必大打折扣。很多学校在思政课程上积极采用案例式教学、探究式教学、体验式教学、互动式教学、专题式教学、分众式教学等，运用现代信息技术等手段建设智慧课堂等，取得了积极成效。这些都值得肯定和鼓励。

总之，办好思政课程是落实立德树人根本任务的关键课程，是培养新时代青年马克思主义者的主阵地。我们要深入贯彻落实习近平总书记的重要指示和要求，进一步加强思政课程建设，为培养一代又一代社会主义建设者和接班人做出更大的贡献。

二、建构主义学习理论

(一)建构主义学习理论的出现

建构主义作为学习理论的一种,是在行为主义向认知主义发展的基础上演进生成的,被誉为当代教育心理学领域的一次革命性突破。建构主义学习理论于20世纪80年代初期问世,由于当时的教育环境尚未能满足其教学需求,该理论未能成为主流。自90年代起,多媒体计算机技术与基于互联网的网络通信技术的飞速发展,为建构主义学习理论的完善与深化提供了可行性与保障。建构主义学习理论的心理学基础,主要涵盖了皮亚杰的结构观与建构观、维果茨基的心理发展理论以及布鲁纳的认知学习理论。建构主义学习理论主张,知识并非通过教师传授获得,而是在特定情境即社会文化背景下,学习者借助他人(包括教师和学习伙伴)的协助,运用必要的学习资源,通过意义建构的过程来完成学习。因此,建构主义学习理论是一种关注学习者主动性的知识和学习理论。

(二)建构主义学习理论的核心内容

建构主义对认知主义的批判和否定主要围绕以下两个方面展开,这两个方面也是建构主义学习理论的逻辑起点所基于的两个假设:①不能将学生视为具有共同起点、共同背景、通过共同过程达到共同目标的群体;②不能将对知识的掌握视为典型的、结构化的、非情境化的过程。基于这两点,建构主义学习理论提出了其独特的学习观和教学思想观。

1. 学习观

学习过程是获取知识的途径。建构主义者主张,知识并非通过教师传授而获得,而是在特定情境即社会文化背景下,学习者借助他人(包括教师和学习伙伴)的帮助,运用必要的学习资源,通过意义建构的方式获取。由于学习发生在特定情境中,借助人际协作活动实现意义建构过程,因此,建构主义学习理论认为"情境""协作""会话"和"意义建构"是学习环境的四大核心要素。"情境"要求学习环境中的情境应有利于学生对所学内容进行意义建构,这对教学设计提出了新的要求。在建构主义学习环境下，教学设计不仅要考虑教学目标分析，还要关注有利于学生意义建构的情境创设，并将之视为教学设计的重要内容。"协作"贯穿于学习过程的始终，对学习资料的搜集与分析、假设的提出与验证、学习成果的评价以及意义的最终建构具有重要作用。"会话"是协作过程中的必要环节，学习小组成员需通过会话讨论完成学习任务的计划。此外，协作学习过程亦为会话过程，在此过程中，每个学习者的思维成果（智慧）为整个学习群体所共享，因此，会话是实现意义建构的重要途径之一。"意义建构"是学习过程的最终目标，旨在对事物的性质、规律及事物间的内在联系进行深刻理解。在学习过程中，帮助学生建构意义就是帮助他们深入理解当前学习内容所反映的事物的性质、规律及事物间的内在联系。这种理解在大脑中的长期存储形式即为"图式"，也就是关于当前所学内容的认知结构。由此可见，学习的质量取决于学习者建构意义的能力，而非重现教师思维过程的能力。换言之，获取知识的数量取决于学习者根据自身经验建构有关知识意义的能力，而非记忆和背诵教师讲授内容的能力。

2. 教学思想观

一是知识观。一方面，知识没有绝对性。知识只是一种解释、一种假设，知识对现实的表征并不具有绝对性。如：我们学习的平行线的概念是：在同一平面内不相交的两条直线。但是现实情境中并没有这样的两条直线。另一方面，不同情境下的知识也会发生变化。知识并不是万能的，它需要针对当前具体的情境进行再定义。如：数学上我们学习了 $1+1=2$，但当变换了情境，可能会出现 $1+1=1$ 的情况。例如，先将一杯水倒进桶里，再往里倒一杯水，此时还是一桶水。三是因人而异。知识会因为学生经验世界的不同而发生变化。

二是学生观。主要包括建构主义强调的学习者经验世界的丰富性和差异性。学习者的意义建构是基于原有知识或经验与新经验的改造或重组，经验的丰富性和差异性直接影响学习意义建构的结果。

三是学习观。强调的是学习的主动建构性、社会互动性和情境性。从学习的主动建构性方面，建构主义者认为，学习是学习者的一种主观意识行为，是学习者主动地建构信息意义的过程，教师只是传递知识的一种工具和媒介。从学习的社会互动性方面，学习者在获取相关知识和技能的过程中常常伴随着协作来完成。从学习的情境性方面，建构主义者提出了情境性的认知观点，即知识必须通过真实的情境、实际应用活动才能够真正被人理解。人的学习必须结合社会实践活动进行，通过参与某种社会实践来掌握相关的社会规则，形成相应的认知。

因此，根据建构主义学习理论，教学核心任务并非对学生学习进行控制，而是激发其自主学习能力。教学的关注焦点应从教学目标转向学生发展，以学生为核心，营造有利于知识内化的外部与内部环境，推动学生知识获取与能力提升。在此过程中，教师角色从主导者转变为辅助者与促进者。建构主义者倡导因材施教，充分调动学生主观能动性，提倡师生之间直接交流，强调教师仅为学习过程的引导者，而非主导者。对于传统的统一式课堂授课模式，建构主义者持质疑态度，认为此类教学方式既无法凸显学生的主体性与个性化，也会限制学生个性的发展与优势发挥。

综上所述，建构主义学习理论内涵深厚，但其核心观点简洁明了：以学生为出发点，强调学生主动寻求知识、主动挖掘知识内涵及主动构建知识体系，从而实现对知识的深入理解（而非仅仅将知识从教师传递至学生，如同传统教学模式）。学生为本的教育注重"学"，而教师为本的教育强调"教"。这两者构成了教育思想和教学观念的基本分歧，进一步衍生出两种对立的学习理论、教学理论和教学设计理论。如前所述，由于建构主义所要求的学习环境得到了当代最新信息技术成果的有力支持，使得建构主义学习理论迅速摆脱纯理论的局限，日益广泛地与教师的教学实践相结合，进而成为各级各类学校深化教学改革的指导方针和批判传统教育思想与教学观念的锐利工具。

三、联通主义学习理论

联通主义，亦名关联主义、连通主义或连接主义。乔治·西蒙斯于2005年在《关联主义：数字时代的学习理论》一文中首次阐述了联通主义学习理论，强调在信息时代传统学习理论行为主义、认知主义、建构主义等在指导实际教学或学习中略显不足，联通主义学习理论应成为"数字时代的学习理论"。

(一) 联通主义的构成要素

此理论主张学习(视为动态知识)得以存在于个体之外，诸如组织或数据库范畴内。在学习过程中，模糊环境中的不确定性成为常态，并无既定界限或严格要求。因而，联通主义理论被视为数字时代学习的适宜理念。联通主义的思想根基在于"网络"概念，这一概念在构成上显得尤为简洁，仅包含节点与连接这两种基本元素。因此，节点、连接以及网络这三个术语在联通主义理论中具有至关重要的地位，且出现频率颇高。

1. 节点

节点(Node)亦称顶点、元素或实体，概括而言，乃是指任何能够与其他元素相连的实体，是构建网络结构的基本单元。西蒙斯曾强调，在联通主义所提及的学习网络中，所有可知或可感的元素皆具备成为节点的潜在可能性，如个人观念、情感、与他人之互动、数据等各类规模和形式的信息源。

2. 连接

连接(Connections)是指在两个节点之间存在的任何联系方式。学习行为可视为一种连接过程，即把从外部信息源获取的新信息视为新节点，将其与学习网络中现有节点建立连接。在连接的过程中，既包括连接的创建，也包括连接的剔除，新的信息被纳入学习网络，旧的信息则得到更新。这一过程恰恰对应于人们学习新知识、改造旧知识的过程。连接是节点构建网络的核心要素，节点之间的连接有强有弱，分配在整个网络中的权重并不均衡。两个节点之间的连接关系越强，通过这种连接关系传递的信息流动就越迅速、越顺畅。

3. 网络

网络(Network)是由众多节点汇聚而成的，呈现出层级架构。小规模网络可通过整合变为大规模网络，此时，小网络可被视为大网络的一个节点。同样，大型网络也可聚合其他网络，进而形成更大的网络。换句话说，某一网络既能上升整合成更大的网络体系，也能向下分解为更小的网络。因此，网络具有自相似性特征。

（二）联通主义的主要内容

信息化和网络化的快速发展使得信息爆炸、知识剧增，知识的半衰期不断缩短，更新速度日新月异。在这种背景下，网络时代的学习环境、学习方法和学习形式等教育要素发生了深刻变革，进而引发了知识观和学习观以及整个理论体系的变革。

1. 知识观和学习观

联通主义的核心观点认为：知识是一种网络现象，知识存在于连接当中，学习即连接的建立和网络的形成，学习目标是为了实现知识的流通。

联通主义知识观主张，知识寓于连接之中。该观点认为，知识在形成节点连接的过程中得以不断刷新，并在情境变迁中发挥新的效能。在复杂学习环境中，寻径与意会是推动知识增长的核心要素。寻径主要描述学生在空间环境中如何借助符号、地标及环境线索进行自我定位。意会则涵盖个体在日常生活中应对不确定性、复杂主题或变动环境的种种活动。这两者共同揭示了联通主义学习的发生过程，即通过碎片化、分布式知识的学习，借助有意义的节点连接，使学习者在复杂环境中持续积累知识，进而促进知识网络的不断拓展。

联通主义学习观主张，学习过程即为连接构建与网络形成的综合过程。基本网络可分为三类：认知神经网络、概念网络及社会网络。学习目标在于通过节点间的连接建立，不断拓展创新网络并丰富既有网络结构（图2-11）。需要注意的是，学习过程并非直接转换过程，而是一种富有意义的知识获取过程。随着互联网的迅猛发展，知识呈现爆炸式增长，然而人类记忆容量有限，无法掌握所有知识。因此，相较于知识掌握，持续学习能力显得更为关键。

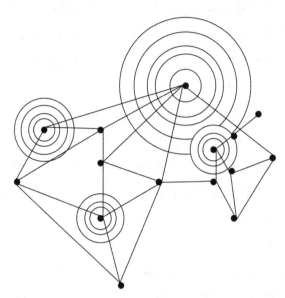

图 2-11 学习(即网络)的形成

2. 联通主义学习理论体系

我国学者王志军、陈丽从教师观、学生观、课程观、学习环境观、知识观、学习观等方面构建了联通主义学习理论的理论体系(图 2-12),该理论从更加深入的角度解析了联通主义学习理论的核心观点。在联通主义学习模式中,知识分布在网络之中,学习过程即为实现连接建立和网络形成的互动。因此,课程呈现为开放式的网络课程,学习者具有自我导向和网络导向的特点,成为知识的创造者;教师作为学习的推动者,影响着整个网络的形成;学习过程发生在复杂环境中,学习者需构建个人学习环境和网络;知识创新(生长)是连接形成的基础,交互则是连接和网络构建的关键要素。

联通主义学习理论以其独特的理论基础,包括混沌理论、网络理论、复杂理论和自组织理论,展现出与传统学习理论的显著差异。尽管联通主义的创立者并未详述这些理论基础如何具体引导其理论的构建与发展,然而,从这些理论的内在特性来看,联通主义学习理论在诸多方面呈现出鲜

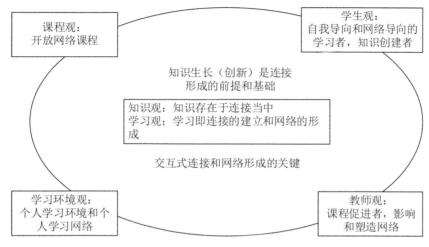

图 2-12　联通主义学习理论体系

明的独特性。这也使得人们在阅读联通主义学习理论的相关著作时,可能会感受到其内容的清晰与复杂交织。在联通主义学习理论的相关论文中,最为突出的观点是"管道比管道中的内容更重要"。许多研究者将此观点视为联通主义学习理论的核心,并以此为指导,开展教学和学习活动。然而,这实际上是对联通主义学习理论的浅显理解和应用,未能触及联通主义学习理论的深层内涵。联通主义学习理论的实质,远比这更为复杂和丰富。联通主义学习并非适用于所有学习者,其对学习者的能力要求包含两个基本前提:一是学习者需具备教育背景,并有信心及能力利用网络进行学习;二是学习者需具备参与联通主义学习的能力,能够判断信息的准确性及对自身是否有用。由此可见,联通主义学习的实施需以学习者具备一定学习能力为前提,并不适用于所有学习阶段。就现阶段而言,该学习方式更适用于高等教育及在职学习,或者说,更适用于高中后的继续教育与非正式学习。

　　联通主义认为,学习是解决真实问题的过程;学习是网络结构中的关系和节点的建立和重构;学习是一个联结的过程。按照联通主义的观点,学习并不是为了记忆或理解知识,而是发展学生做事情(解决真实问题)的能力，因此，知道从哪里获取信息比知道这些信息更重要。联通主义的学习反映了互联网基因的学习，其本质是基于网络的知识创新过程。

联通主义学习理论为混合式教学提供了有益启示：在设计过程中，应着力推动学习者与各个节点建立紧密联系，以激发知识的创新性增长。通过构建一种能够联通教师、学生以及资源的科技与学习环境，学生可以依托各类学习支架，与教师和同伴展开知识的交融与互动。在对话与反馈的交织中，知识得以不断流动，学习者在探索过程中可随时接入各类网络信息资源及同伴的知识信息，从而推动知识体系的构建和更深层次的学习。

四、社区探究理论

(一)社区探究理论概述

加拿大阿萨巴斯卡大学兰迪·加里森(Randy Garrison)、特里·安德森(Terry Anderson)和沃尔特·阿切尔(Walter Archer)三位学者于2000年共同研究并创建了社区探究理论框架(Community of Inquiry Framework，CoI)。这一理论伴随着在线学习兴起，随着互联网技术发展和在线学习得到蓬勃发展，该理论引起了研究者的广泛关注，已成为研究在线学习和混合式教学的重要理论之一。

在CoI中，学习被认为是一种社会建构主义的观点，其历史根源主要是杜威的实用主义和维果茨基的社会文化学习理论。CoI本身包括三个可操作化的要素：社会临场感(social presence)、认知临场感(cognition presence)和教学临场感(teaching presence)，这三个要素相互交叉和协同作用，描述了一种有价值的学习体验过程，产生生产性学习环境，构建起关注学生如何有效建构知识的理论模型和实践框架。

(二)社区探究理论的主要内容

社区探究理论框架，经过实践检验，已被证实为一种广泛适用且具有持续发展潜力的理论框架，引起了全球数字化学习领域研究人员的广泛关注。该框架阐述了在线和混合学习环境中，实现教育体验所必需的三种要素（即教学临场感、认知临场感、社会临场感），以及这些要素之间是如何相互作用的（图2-13）。

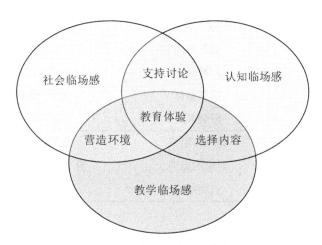

图 2-13　社区探究理论框架

社会临场感是指学生在学习过程中与他人建立联系的能力，以及体验到被关注和接纳的氛围。在混合式教学中，社会临场感可通过线上与线下的交互活动来实现，如组织小组讨论、开展课堂互动游戏等。这些活动有助于学生在学习过程中开展交流与合作，增强他们的社会临场感。

认知临场感是指学生在学习过程中获取、整合与应用知识的能力。在混合式教学中，认知临场感可通过线上与线下的教学资源来培养，如运用在线课程、阅读文献、参加讲座等。这些资源有助于学生拓展知识领域，加深对知识的理解，提升他们的认知临场感。

教学临场感是指教师在教学过程中引导学生的学习，解答学生疑问，并给予反馈的能力。在混合式教学中，教学临场感可通过线上与线下的教学策略来体现，如运用案例分析、开展实践活动、提供个性化指导等。这些策略有助于学生更好地掌握知识和技能，提升学习成效。

表 2-7 社区探究理论模型的范畴和指标

要素	范畴	指标
社会临场感	开放式交互 团体的紧密性 情感的/个性的	无风险地表达 鼓励合作 表达情感、友情
认知临场感	触发事件 问题探索 信息整合 问题解决	产生疑惑 交换信息 连接不同想法 应用新思路
教学临场感	设计与组织 讨论的促进 直接指导	确定课程和方法 分享个人建构的意义 聚焦讨论

总之，CoI 模型中的三个核心要素对混合式教学的学习体验设计至关重要。通过培养学生的社会临场感、认知临场感，教师可以提升学生的学习成效，激发他们的学习兴趣和动力。同时，教师还可以不断优化教学方法和策略，进一步提高教学质量。

综上，习近平总书记的系列讲话和论述为我国高职院校思政课程混合式教学改革提供了方向指引和根本遵循。建构主义和联通主义学习理论为混合式教学提供了理论基础，为混合式教学的设计与实施提供了理论指导。加里森等人从社会建构主义角度，明确了影响混合式学习的关键因素，他们提出了社区探究理论模型。该模型认为，社会临场感、教学临场感和认知临场感是影响混合式学习的三个关键要素。只有当这三者在课程中均达到较高水平时，有效学习才能发生。

第三章 高职院校思政课程混合式教学的现实基础

作为培养时代新人的基石课程，加强思政课程的质量建设愈发凸显其重要性。鉴于大学生正处于个人成长的关键阶段，他们迫切需要接受高水平的思想政治教育，特别是优质的思政课程及其教学活动。在这一时代背景下，教育者与学习者之间已达成广泛共识，形成了坚实的教学改革同盟。因此，系统性地推进思政课程的教学改革已成为不可逆转的时代潮流。

高职院校思政课程混合式教学，作为一种崭新的教学模式，与过往的传统教学模式相比，展现了新特点和新发展动向，代表了理论教学的创新方向。该教学模式的引入并非空穴来风，而是紧密结合了当前的社会形势和实践发展的需求，特别是移动互联网时代的到来，职业教育高质量发展的时代背景，为高职院校思政课程的混合式教学提供了强有力的现实支撑。

第一节 高职院校思政课程混合式教学的重要性

一、高职院校思政课程的性质

高等职业教育，作为一种独特的高等教育形式，在推动经济社会发展的进程中占据着举足轻重的地位。它与普通高等教育共同构成了我国教育体系的重要组成部分，且各自具有不可替代的价值。

（一）高职院校思政课程

高职院校思政课程包括"毛泽东思想和中国特色社会主义理论体系概论""思想道德与法治""习近平新时代中国特色社会主义思想概论""形势与政策"等课程。高职院校的思政课程与普通高等学校的思政课程在性质上呈现出高度的一致性。作为高校思想政治理论教育的重要组成部分，尽管两者之间存在联系与差异，但核心性质是一致的。对高职院校思政课程的性质进行解析，实际上也是对高校整体思政课程性质的探讨。高职院校的思政课程，作为对学生进行思想政治教育的重要平台和重要渠道，充分彰显了社会主义大学的本质特征。该课程不仅被视为立德树人的关键性、灵魂性课程，而且在培养中国特色社会主义事业的合格建设者和可靠接班人方面发挥着至关重要的作用。

（二）高职院校思政课程的性质

高职院校的思政课程与普通高等学校的思政课程既存在着密切的联系，又具备各自的特点。从联系上看，两者同属同一性质的课程范畴，具备相同的本质、地位和作用。高职院校的思政课程作为普通高等学校思政课程体系的一部分，随着高等职业教育规模的持续扩大和学生人数的不断增长，其地位和作用愈发凸显。它们共同承载着落实立德树人根本任务的重任，是培养社会主义建设者和接班人的重要阵地。由于学制差异，高职院校的思政课程在课程设置门数、学分及课时上与普通高等学校本科的思政课程存在差异。依据"05"方案，高职院校的思政课程相较于普通高等学校本科的思政课程，其课程数量较少，且学分和课时亦相应减少。

目前，学者们在研究高职院校思政课程的性质时，主要从四个视角展开：首先，从国家性质和社会制度的视角出发，新中国成立初期，高职院校思政课程的性质被明确为"新民主主义的"，旨在肃清封建、买办、法西斯主义思想，发展为人民服务的思想。随着社会主义"一化三改造"的完成，该类课程进一步被强调为"社会主义高等学校区别于资本主义高等学校的一个重要标志"，体现出鲜明的政治性和阶级性。

其次，从课程的功能作用视角来看，高职院校思政课程被视为"高校思想政治教育的主要阵地和主要渠道"，旨在贯彻落实党的教育方针，坚持马克思主义指导地位，培养德智体美劳全面发展的社会主义建设者和接班人。

再次，从课程实施的有效性视角分析，其强调思政课程应"用系统的理论知识联系实际，实事求是地正确解决问题"，并具备科学性和理论性，以理服人。

最后，从学科属性与特点的视角出发，学者们认为高职院校思政课程是"知识性和意识形态的辩证统一"，具有鲜明的意识形态属性、理论学科属性和知行合一属性，体现了德性内化的特征和实践性。

综上所述，尽管目前对于高职院校思政课程的性质尚未形成统一权威的认识，但普遍共识包括：该课程体现和执行党和国家意志，具有强制性、政权性；体现意识形态的主导地位，具有阶级性和政治性；融汇多学科知识，具有知识性和理论性；体现德性内化的特征，具有内化性和实践性。

二、高职院校思政课程的重要作用

高职院校的思政课程承载着极其重要的功能。教育作为国家繁荣发展的基石和党的重要事业，肩负着培养德才兼备人才的根本任务。高职院校致力于培育数以千万计的高素质技术技能型人才，以契合社会经济发展的需求。在新时代的大背景下，高职院校教育正处于由规模扩张向质量提升转型的关键时期。在这一转型过程中，如何坚守为党育人、为国育才的初心与使命，培养出符合区域经济和行业发展要求的高素质技术技能型人才，已成为当前亟待解决的重要课题。在高职院校教育体系中，思政课程不仅仅是一门课程，更是塑造学生人格、价值观的重要渠道。随着社会的不断发展和变化，青年一代面临着前所未有的挑战和机遇。高职院校思政课程以其独特的地位和作用，为学生提供了宝贵的精神食粮和人生指南。

（一）高职院校思政课程是引导学生树立正确世界观、人生观和价值观的重要渠道

高职院校思政课程，作为一项关键的教育手段，承担着引领学生树立正确的世界观、人生观以及价值观的重要职责。这门课程通过一系列系统的理论知识和丰富多彩的案例分析，使学生们在课堂上得以深入理解国家的历史沿革、丰富多彩的文化传统以及当前社会的发展状况，从而有效地提升他们的民族自尊心和责任感。不仅如此，思政课程还特别注重锻炼学生的逻辑思维能力和批判性思维，旨在帮助学生们塑造独立思考的能力，能够明辨是非，做出合理的判断。当然，高职院校思政课程的作用远不止于此。在课堂上，学生们不仅学习理论知识，更是通过互动讨论、实践活动等多种形式，将所学知识内化为自己的思想，外化为具体行动。这样的教育过程，不仅提高了学生们的理论水平，也促进了他们的实践能力和综合素质的提升。

高职院校思政课程还强调理论与实践的结合。通过组织学生参观历史博物馆、革命纪念地等，让学生们亲身感受历史的厚重和伟大；通过引导学生关注社会热点、参与社会调查，让他们深入了解社会现状，增强社会责任感。这种教育方式，使学生们在学习思政课程的过程中，不仅收获了知识，更获得了成长。

此外，高职院校思政课程还注重培养学生的创新精神和团队协作能力。在课堂上，教师鼓励学生提出自己的见解，引导他们从不同的角度思考问题，激发他们的创新思维。同时，通过小组讨论、团队项目共建等活动，培养学生们的协作精神和团队意识，使他们能够在未来的工作和生活中更好地与他人团结合作，共同完成任务。

总之，高职院校思政课程在引导学生树立正确的世界观、人生观和价值观方面发挥着不可替代的作用。它不仅是学生们获取知识、提升能力的平台，更是他们形成健全人格、实现全面发展的重要途径。

（二）高职院校思政课程是促进学生全面发展的重要保障

高职院校思政课程对于学生的全面发展起着至关重要的作用。它不仅

是学生接受高等职业教育过程中的一个必要课程，更是帮助学生构建正确的世界观、人生观和价值观的关键环节。在当前的高职院校教育体系中，虽然专业技能和职业素养的培养占据了显著地位，因为这些是学生未来就业和发展的基石。然而，我们也不能忽视人文素质和道德修养的重要性。一个人的内在品质和精神追求，同样关系其个人的长远发展和社会的整体进步。

高职院校思政课程通过系统地引导学生学习马克思主义哲学、科学社会主义理论、毛泽东思想、邓小平理论、"三个代表"重要思想、科学发展观以及习近平新时代中国特色社会主义思想等经典理论，不仅丰富了学生的思想底蕴，也激发了学生的爱国热情和社会责任感。这些理论的学习，使得学生能够站在更高远的视角理解国家的发展大局，认识到自己作为公民应当承担的社会责任。

通过思政课程的深入学习，学生能够逐步形成正确的世界观和人生观，增强分辨是非的能力，提升自我修养和道德水平。这样的教育不局限于课堂上传授知识，还包括通过实践活动、志愿服务、社会调研等多种方式，让学生在实践中感悟社会主义核心价值观，体验生活的真谛，培养团结协作、诚实守信、勤奋创新等优良品质。

思政课程还致力于培养学生的公民意识，让学生明白作为社会成员，他们享有哪些权利，又应承担哪些义务。这种教育有助于学生未来在职场中成为具有高度社会责任感和良好道德素质的合格人才，不仅能够为企业和社会创造价值，还能以自身的正能量影响和感染他人，共同推动社会主义社会的和谐稳定发展。因此，高职院校思政课程在学生的成长道路中发挥着不可替代的作用，是培养学生综合素质的重要环节。

（三）高职院校思政课程具有时代性和前瞻性的特点

高职院校思政课程，作为一种特殊的教育课程，它的显著特征就是与时代的紧密联系和对未来的深刻洞察。在当今这个社会变革日新月异、科技飞速发展的时代背景下，高职院校思政课程不仅是一门传授知识的课程，更是一种思想引领和实践指导。随着社会的不断演进，新的社会问题和挑战也在不断滋生和升级。因此，高职院校思政课程应始终保持高度的敏锐性和洞察力，积极调整、优化和更新教学内容，使之与时代的发展同步，与学生的成长需求相契合。

高职院校思政课程在教学方法上也不断创新，不再是单一的理论讲授，而是通过案例分析、讨论交流、实地考察等多种形式，激发学生的思考和参与热情，培养他们的批判性思维和问题解决能力。这样的教学方式不仅使学生能够及时了解社会的最新动态和发展趋势，还能够让他们在面对复杂的社会问题时，能够理性分析、科学决策，从而为未来的职业生涯和社会生活打下坚实的基础。

高职院校思政课程所追求的，不仅是知识的传递，更重要的是价值观的塑造和人格的养成。它希望通过这样的教学，让学生能够站在时代的前沿，用开阔的视野和深邃的思考去面对未来的一切挑战，成为既有社会责任感也有创新精神的现代公民。因此，高职院校思政课程的时代性和前瞻性，不仅体现在它对教学内容和方法的不断革新上，更体现在它对学生全面发展的深刻影响上。

总而言之，高职院校思政课程在高职院校教育中具有不可替代的重要作用。它不仅是传授知识的课堂，更是塑造灵魂、培育品德的圣地。通过思政课程的学习，学生能够在思想上更加成熟、在行动上更加坚定，为实现中华民族伟大复兴的中国梦贡献自己的力量。

三、高职院校思政课程混合式教学的意义

作为近年来的新兴教育模式，混合式教学的迅速崛起不仅证明了其有效性，更展示了其巨大的吸引力、蓬勃的生命力和广阔的前景，为提升高职院校思政课程的实效性提供了良好的途径。这种教学模式打破了长期以来在思政课程中占据主导地位的固定模式，正逐步改变教育领域中各主体的传统观念。

（一）思政课程混合式教学响应当前课程改革的需求

随着信息技术的迅猛发展，高职院校思政课程的教学模式也迎来了新

的变革。混合式教学模式的推出，正是这一变革的集中体现。信息技术的广泛应用为混合式教学提供了强有力的技术支持。互联网、大数据、人工智能等技术的不断成熟，使得在线教学、互动教学等成为可能，为思政课程的混合式教学提供了广阔的空间。

（二）思政课程混合式教学顺应社会对高职院校人才培养的需求

社会对高职院校人才培养的需求也在不断发生变化，传统的思政课程教学模式已难以满足社会对人才综合素质的要求，因此，高职院校需要引入新的教学模式，以提高学生的思辨能力、创新能力和实践能力。它强调了线上与线下的有机结合。通过线上平台，学生可以随时随地获取学习资源，进行自主学习和互动交流；线下课堂则为学生提供了面对面交流和深度思考的机会。这种线上线下相结合的方式，既充分发挥了信息技术的优势，又保留了传统课堂的优点。高职院校思政课程进行混合式教学改革的重要意义不仅在于提升教学质量，更在于推动教育理念的革新和人才培养模式的转型升级和创新。

（三）思政课程混合式教学满足了学生的学习需求

随着信息技术的迅猛发展，传统的教学模式已无法满足新时代学生的多元化需求。混合式教学改革正是顺应这一潮流，将线上教学与线下教学相结合，为学生提供更加灵活、高效、个性化的学习体验。混合式教学模式注重学生的主体地位，它鼓励学生积极参与课堂讨论、小组合作等活动，让学生在实践中锻炼自己的能力和素质。现代大学生更加注重学习的自主性和互动性，他们渴望在课堂上获得更多元化的学习体验。因此，混合式教学模式的推出，很好地满足了学生的这一需求。

总之，高职院校思政课程混合式教学模式的推出背景与逻辑是紧密相连的。它既适应了时代发展的要求，也满足了社会对高职院校人才培养的需求和学生的学习需求。在未来，我们还需要不断探索和完善这一教学模式，以更好地服务于高职院校思政课程的教学改革和发展。

第二节　移动互联网时代的高职院校思政课程混合式教学

移动互联网的迅猛发展给传统高等教育带来了前所未有的冲击与变革。作为引导大学生形成正确世界观、人生观和价值观的核心课程，思政课程在其中扮演着举足轻重的角色。面对这一教育领域的革命性风暴，思政课程应当如何积极应对新技术带来的机遇与挑战，以实现教育教学模式的创新与发展，成为当前亟待研究和探索的重要课题。对此问题的深入剖析与实践探索，必将对推动高职院校思政课程混合式教学改革产生积极而深远的影响。

一、移动互联网时代的教学改革

（一）移动互联网的发展

移动互联网（Mobile Internet，MI）是一种通过智能移动终端，采用移动无线通信方式获取业务和服务的新兴业务，包含终端、软件和应用三个层面。终端层包括智能手机、平板计算机、电子书、MID（Mobile Internet Device）等；软件包括操作系统、中间件、数据库和安全软件等；应用层包括休闲娱乐类、工具媒体类、商务财经类等不同应用与服务。移动互联网是伴随着技术的不断进步而发展的，移动互联网当下呈井喷式发展。伴随着移动终端价格的下降以及移动网络基础设施的不断完善，移动网民呈现爆发趋势，随时随地上网已经成为常态。

移动互联网时代出现了许多变化，其中一些重要的变化包括：移动设备的普及：随着智能手机、平板电脑等移动设备的普及，人们越来越依赖这些设备来获取信息、交流沟通、购物娱乐等；移动互联网技术的发展：随着移动互联网技术的发展，人们可以随时随地连接到互联网，享受各种便捷的服务，如在线支付、在线教育、在线医疗等；社交媒体的兴起：社交媒体的兴起改变了人们的社交方式，人们可以通过社交媒体随时随地与朋友、家人、同事等进行交流，分享自己的生活和经验；大数据的运用：

移动互联网时代产生了大量的数据,这些数据被广泛应用于各个领域,如商业分析、智能推荐、安全监控等,为人们的生活和工作带来了更多的便利;人工智能的发展:人工智能的发展为移动互联网带来了更多的可能性,如智能语音助手、智能图像识别等,这些技术为人们的生活和工作带来了更多的创新和便利。总之,移动互联网时代带来了许多变化,不仅改变了人们的生活方式和工作方式,也推动了社会的发展和进步。

移动互联网的迅猛发展,深刻改变了人们的生活方式,并对各行各业产生了前所未有的影响。在这股浪潮席卷之下,从信息的快速获取到便捷的消费购物,从丰富的社交互动到高效的在线教育,移动互联网已渗透至我们生活的每一个角落。特别是随着 5G 技术的普及,移动互联网的传输速度和稳定性均得到显著提升。这不仅使用户能够享受更加流畅的高清视频观看体验、进行更为顺畅的实时互动,还为用户带来了虚拟现实和增强现实等前沿技术的全新体验。这些技术的广泛应用,不仅极大地丰富了人们的娱乐生活,也为远程医疗、在线教育等领域的发展提供了强有力的技术支撑。

(二)移动互联网对大学生的影响

在中国互联网络信息中心发布的《第 51 次中国互联网络发展状况统计报告》中,截至 2022 年 12 月,我国网民规模为 10.67 亿,较 2021 年 12 月增长 3549 万,同比增加 3.4%,互联网普及率达 75.6%,我国移动网络的终端连接总数已达 35.28 亿户,移动物联网连接数达到 18.45 亿户;我国网民使用手机上网的比例达 99.8%;使用台式电脑、笔记本电脑、电视和平板电脑上网的比例分别为 34.2%、32.8%、25.9%和 28.5%;我国网民的人均每周上网时长(过去半年内,网民一周七天平均每天上网的小时数×7 天)为 26.7 个小时。而第 52 次《中国互联网络发展状况统计报告》显示,截至 2023 年 6 月,我国网民规模达 10.79 亿,网民中使用手机上网的人群占比继续增高,互联网普及率为 76.4%。移动互联网应用蓬勃发展,国内市场上监测到的活跃 APP 数量达 260 万款,进一步覆盖网民的日常学习、工作、生活。网民中学生群体仍为最高,移动互联网越来越成为人们日常生活不可缺少的组成部分，人们对其依赖程度越来越高，利用移动互联网进行学习已成为一种新的学习方式。

1. 积极影响

在当今这个信息化时代，移动互联网的广泛普及，对大学生的知识获取方式产生了深远影响。由于智能手机和各类应用程序的便捷性，大学生们得以通过这些设备，随时随地接触到海量的学术资源、行业资讯和时事新闻。这种获取信息的便利性，让他们的知识视野得到了极大的拓宽。他们可以更加全面地了解世界各地的发展动态，把握时代的脉搏，从而提升自身的综合素质和竞争力。

移动互联网的普及，使得大学生可以通过各类搜索引擎，快速定位并获取自己需要的学习资料，如学术论文、专业书籍、案例分析等。这种高效的信息检索能力，无疑丰富了他们的学习内容，使他们能够更加全面、深入地掌握专业知识。他们可以通过对比不同资料的观点，形成自己的见解，提高批判性思维能力。

此外，移动互联网的发展，还催生了各种在线学习和教育平台。这些平台提供了丰富的学习资源和互动交流的机会，使得大学生可以利用碎片化时间进行自我学习和提升。无论是课堂外的自学，还是课后的复习，这些平台都能提供有效的支持。通过这种方式，大学生不仅能够拓宽知识领域，还能提升自主学习的能力。

总的来说，移动互联网的普及，为大学生提供了一个便捷、高效的信息获取途径，极大地拓宽了他们的知识视野，提升了他们的综合素质和竞争力。这种变化，无疑对他们的学习和成长产生积极影响。

2. 消极影响

随着移动互联网的广泛普及和深入人们生活的各个领域，我们也不得不面对一些由此带来的挑战和问题。其中最为显著的当属信息过载现象，以及在网络空间中信息安全和个人隐私保护的严峻问题。在这样一个充满无数信息源和网络平台的环境中，如何筛选出真实可靠、有价值的信息，避免受到虚假和低质量信息的干扰，成了一个不容忽视的问题。对于大学生这一群体来说，这更是需要引起高度关注的重要课题。因此，大学生在使用移动互联网的过程中，必须保持理性和批判性的思考能力。面对海量的信息流，要学会运用批判性思维去甄别信息的真伪，判断信息来源的可靠性，从而避免受到错误信息的误导。此外，随着网络技术的发展，网络安全问题日益突出，个人信息泄露的风险也随之增加。因此，大学生还需增强网络安全意识，学会保护自己的个人信息安全，避免在网络世界中遭受不必要的损失。

综上所述，移动互联网作为一把双刃剑，既为大学生提供了丰富的学习资源和便捷的交流平台，又带来了信息过载和网络安全等挑战。大学生在使用移动互联网时，应保持理性思考，有效甄别信息真伪，同时加强网络安全意识，确保个人信息安全，这样才能更好地利用移动互联网的优势，避免其可能带来的负面影响。

(三)移动互联网时代的教育变革

伴随着大数据、人工智能、云计算等新一代数字技术的发展，数字化教学改革成为备受关注的议题。教育部发布的《教育信息化2.0行动计划》明确指出要促进信息技术和智能技术深度融入教育全过程，推动改进教学管理。在当前这个移动互联网迅猛发展的时代，教育领域正在经历一场前所未有的深刻变革。这种变革体现在教育理念的更新、人才培养模式的创新、教学模式的更新、教育资源的共享和学习方式的变革等多个方面。

1. 移动互联网时代的教育理念更新

在教育理念方面，移动互联网时代的教育开始从传统的知识传授型教育转向以能力培养和个性化发展为导向的教育。这要求教育工作者不仅要关注学生的学科成绩，更要重视学生批判性思维、创新能力和团队协作能力的培养。在此基础上，个性化教育也逐渐成为可能，通过大数据分析学习者的行为习惯，教育平台能够为每个学生提供量身定制的学习方案，满足他们不同的学习需求和兴趣。

2. 移动互联网时代人才培养模式的变化

在移动互联网时代，我们所需要的人才，其基本的能力与知识结构已经发生了变化。因此，具有工业时代烙印的学校教学模式已无法满足当前人才培养的需要，我们要利用平板电脑、智能手机等智能终端设备构建新型、高效的教学模式，转变学生"死记硬背"式的学习方式，培养学生自主、探究、合作学习的能力，为社会培养具有较高创新精神与实践能力的应用型人才。

3. 移动互联网时代呼唤教学模式的创新

在移动互联网时代的大潮下，传统以教师为主体的单向灌输式教学模式已逐渐滞后于信息化社会的高速发展。尤其是平板电脑、智能手机等移动智能设备的大规模应用，以及云计算、大数据等先进信息技术的飞速进步，智慧学习环境如未来教室、创客空间、增强现实场景等概念已逐步进入公众视野。这些新兴技术的不断涌现，为教育领域注入了前所未有的活力，并为构建全面满足学生个性化成长需求的高效教学模式提供了宝贵的机遇。

面对"互联网+"时代的巨大变革，我们应积极拥抱信息技术，努力构建符合个性化成长规律的创新型课堂教学环境。同时，致力于探索一种新型教学模式，该模式应能全面促进学生生活与职业技能、学习与创新技能、信息媒介与技术等21世纪核心能力的均衡发展。这不仅是移动互联网时代教育领域必须面对的重要任务，也是一项亟待深入研究和探索的重要课题。

4. 移动互联网时代的教育资源共享

教育资源的共享也是移动互联网时代教育变革的一大特点。在互联网的助力下，优质的教育资源得以跨越地域和时间的限制，被更多的人所共享。无论是名校的公开课，还是教育机构在线提供的课程，都使得平台上的学习者能够接触到更加丰富和多元化的教育资源。这不仅提升了教育的质量，也促进了教育机会的均等化，使得每个人都有机会接受优质的教育。

5. 移动互联网时代学习方式变革不可逆转

在移动互联网时代的浪潮下，学习方式与内容的革新已成为不可逆转的趋势。21世纪的人们，作为信息时代的原住民，自然而然地接受并适应了电脑与网络等现代科技工具，形成了独特的技术化思维模式，即"人机结合"的认知体系。这种根本性的认知转变，必然导致教育领域发生深层次的变革。当前，教育领域面临的一大挑战在于，我们这些"数字移民"教育者，正试图用旧有的(前数字化时代)语言，去传授给那些已熟练掌握全新语言的学生。为了应对这一挑战，教育者必须积极探索与当下学生特点相适应的学习方式，通过平板电脑、智能手机等移动设备，将正式学习与非正式学习紧密结合，将学习内容与现实生活情境紧密联系，让学生在真实的情境中亲身体验知识的构建过程，感受学习的愉悦与成就。

总的来说，移动互联网时代的教育变革正以前所未有的速度和广度影响着教育的各个方面，它不仅推动了教育理念的更新、人才培养模式创新和教育方式的变革，也极大地促进了教育资源的共享和学生学习方式的变革。

二、移动互联网时代的高职院校思政课程混合式教学改革

随着技术的不断进步，混合式教学改革为我们提供了一个全新的视角，使得思政教育不再局限于传统的课堂讲授，而是可以更加灵活、多样地展开。在改革过程中，我们可以尝试引入更多与移动互联网相关的元素，如在线学习平台、社交媒体互动等。通过这些平台，学生可以随时随地接入学习资源，进行自主学习和交流讨论。同时，教师也可以利用这些平台，发布教学资料、布置作业、进行在线答疑等，实现与学生的即时互动和反馈。

(一)移动互联网使思政课程混合式教学设计更为便利

在高职院校的思政课程教学阶段，鉴于知识的高度复杂性与抽象性，部分学生难以激发对思政学习的热情，难以全神贯注于课堂讲授，这不利于知识的有效吸收与情感的培养。针对这一教学现状，教师应首先转变教学理念，充分利用互联网的教学辅助功能，进行精心的教学导入，使学生能够对知识有全面而深入地理解，激发学生的求知欲，进而促使学生主动

投入思政课堂，进行深入的学习与探索。

在高职学习阶段，以"毛泽东思想和中国特色社会主义理论体系概论"课程为例，课程教学旨在阐述毛泽东思想和中国特色社会主义理论体系，同时引导学生的个人职业规划，让学生在思政学习中提升政治素养与思想道德素质，培养学生成为全面发展的优秀人才。为实现此目标，教师可借助互联网技术，展示我国在新民主主义革命、社会主义建设和改革中的杰出人物及其事迹，以此激发学生对学习内容的思考，从而达到最佳的教学效果。

教师可以利用多媒体，全面展示我国的社会主义发展历程。这就要求教师在课前，根据教学内容，利用互联网技术搜集相关资料进行备课，以便进行有效的课程内容导入。教师可以搜集我国社会主义进程中的各种资源，如重要社会事件、具有里程碑意义的历史事件，以及为社会主义建设做出杰出贡献的人物等，并通过多媒体以直观影像的方式进行教学引入。这种基于互联网的多媒体教学方式，能够为学生营造浓厚的学习氛围，通过直观的教学内容展现，激发学生对思政课程的学习兴趣，为后续的思政课堂教学奠定良好的基础。

(二)移动互联网为思政课程提供多种教学资源

互联网在思政教学中的优势显著，不仅能够为思政课堂提供有效的教学导入，还能够对传统教学模式进行革新，并对教学内容进行深度的延伸与补充。在教学过程中，教师可以充分利用互联网资源，搜集与课堂教学内容紧密相关的资料，通过多媒体的影像或图片等形式，使学生直观地了解并深入理解我国社会主义现代化建设过程中的艰辛与不易。

以"毛泽东思想和中国特色社会主义理论体系概论"课程为例，在课前，教师可以针对新民主主义革命以及社会主义建设进程的相关资料进行搜集，并制作成形象生动的教学课件进行课堂展示。在展示中，可以通过多媒体对毛泽东思想的形成过程进行思维导图的展现，明确其萌芽、初步形成及成熟三个阶段的主要内容。在各级分支结构中，教师可以附上相关资源的链接，如点击毛泽东思想初步形成阶段的链接，即可跳转到相关的历史介绍或图片资料中，从而更深入地理解该阶段的内容。

此外，教师还可以利用互联网搜集毛泽东思想发展阶段的相关影像资料，使学生了解毛泽东如何探索出适合中国的社会主义建设道路。在讲解过程中，教师同样可以利用多媒体构建思维导图，如在社会主义过渡时期，教师可以对"三大改造"的内容进行深入讲解，通过影像或图片资料展示我国如何解决社会主义制度问题，并完成三大改造任务。

这些多媒体教学课件的制作为思政学习提供了丰富的教学资源。同时，教师还可以利用互联网对教学内容进行延伸或补充，如引导学生访问相关论坛或网站，获取更多课外资源，并通过网友的评论与意见，引导学生对社会主义进程展开深入的思考。

采用多种互联网教学手段，可以显著提高思政课堂的教学效率，进而提升学生的学习质量。

(三)移动互联网拓宽思政学习交流平台

随着移动互联网技术的广泛普及，学校及学生均已对互联网使用具备相当程度的认知。鉴于此，教师可利用网络平台在课后时段与学生就学习内容进行交流，此举旨在提高学生对思政学习的投入度，进而提升教学质量。具体而言，我们可探究基于互联网教学平台的两种教学模式：课前预习与课后作业或辅导。这两种模式不仅能为思政课堂提供有效的教学铺垫及学习内容补充，还有助于教师更有效地进行思政教学。

针对课前预习模式，教师可基于教学内容引导学生提前进行知识探究，鼓励学生自行组队，共同整合与分类知识资源。这种形式不仅为教师教学课程的开展奠定了坚实基础，还能加强学生间的交流与合作，激发他们主动学习和探讨的兴趣，形成持续性的学习能力。

在预习过程中，学生可识别出存在的问题，并通过 QQ、微信或在线课程学习平台等渠道将问题或预习任务完成情况反馈给教师。教师收到这些信息后，可据此完善教学内容，使教学更具针对性，并在课堂上对学生学习中的共性问题进行集中讲解，确保课堂效率。

此外，在课后作业环节，教师可利用互联网与学生进行实时沟通，了解并监督其学习进程，促使其合理利用网络资源进行深入学习。学生遇到问题时，可及时将问题反馈给教师，而教师将进行全面分析，并据此调整和完善后续教学内容，确保学生的学习效果。

教师还可以定期利用互联网平台与学生就教学内容进行交流，学生可在此平台上提出学习过程中的问题，在此过程中，教师将为学生提供及时的帮助，最大限度地提升学生的学习效率。

总之，移动互联网时代的高职院校思政课程混合式教学改革是一个不断探索和创新的过程。我们需要紧跟时代步伐，不断创新教学方式和内容，让思政教育更加贴近学生的实际需求，成为他们成长道路上的重要支撑。

第三节　高职院校人才培养与思政课程混合式教学改革

自改革开放以来，职业教育为我国经济社会发展提供了坚实的人才和智力支持，其服务经济社会发展的能力持续增强，为实现现代化目标奠定了坚实基础。随着我国进入新的发展阶段，产业升级和经济结构调整步伐加快，各行各业对技术技能型人才的需求日益迫切，这使得职业教育的重要地位和作用愈发凸显。

一、高职院校高质量发展与人才培养创新

(一)高职院校高质量发展

自 1980 年我国正式设立职业大学以来，高等职业教育已历经 40 余载，取得了显著的发展成果。当前，我国高职院校教育已逐步跨越规模扩张阶段，步入以提升发展质量与内涵为核心的新历史阶段。国务院颁布的《国家职业教育改革实施方案》明确指出，应积极推动高等职业教育向高质量发展转型，以优化高等教育结构、培育大国工匠为目标，为城乡新增劳动力提供更多接受高等教育的机会。

2021 年 10 月，中共中央办公厅、国务院办公厅联合发布《关于推动现

代职业教育高质量发展的意见》。《意见》以提升职业教育质量为核心，明确了六大发展目标，涵盖"强化职业教育类型特色""完善产教融合办学体制""创新校企合作办学机制""深化教育教学改革"及"打造中国特色职业教育品牌"等方面。

　　我国高职院校教育的发展与经济社会的现代化进程是同步推进的，高职院校教育从最初设立到规模扩张，从示范引领到高质量发展，都是基于我国经济社会在现代化进程中的不同历史阶段对其提出的要求，是由于现代化发展对于技术技能型人才需求所产生的规模化、结构性要求而带来的高职院校教育的内外部变革。从历史发展轨迹看，改革开放后我国的现代化历程经历了"追求温饱→基本小康→全面小康→现代化强国"的发展阶段和基本设定，与之对应的，我国高职院校教育也经历了"初步设立→扩大规模→示范骨干→追求高质量"的总体发展轨道。而当中国特色社会主义进入新时代之后，我国的经济社会发展又迎来了新的变化，经济发展的新常态使得我国经济速度逐渐从高速增长转为中高速增长，经济结构不断优化调整和转型升级，经济动力从要素驱动、投资驱动转向服务业发展及创新驱动，经济发展中的新技术、新业态、新产业、新动能不断涌现，同时在人口老龄化和城市化进程不断加速的大背景下，经济发展已经从传统的要素规模驱动转到依靠人力资本质量和技术进步上来。经济社会发展的新变化要求高职院校教育要顺应这一现代化趋势，以高质量发展为核心，培养新时代进程中懂技术、精技能、能创新、德技兼修的高层次技术技能型人才，在人才供给上匹配现代化的新需求。在国家提出"教育现代化2030"的背景下，高职院校教育应在内涵建设的框架内，让创新贯穿全过程，以培养创新型人才为落脚点，这也是高职院校推进内涵建设的有力举措。

　　（二）高职院校人才培养目标创新

　　国家职业教育改革的稳步推进，为高职院校思政课程发展奠定了坚实的基础平台。根据《国家职业教育改革实施方案》，职业教育与普通教育属两种不同类型的教育，两者均具备同等重要的地位。这一论述从理论层面明确了高等职业教育与普通高等教育各自的发展方向，同时确立了高职院校思政课程必须"坚持立德树人、德技并修,推动思想政治教育与技术技能培养融合统一"的核心要求。

高职院校人才培养目标具有特定的发展逻辑、现实的社会需求以及个体对实现自身价值的期望,其培养目标明确,培养内容清楚。《中华人民共和国职业教育法》规定,实施职业教育必须贯彻国家教育方针,对受教育者进行思想政治教育和职业道德教育,传授职业知识,培养职业技能,进行职业指导,全面提高受教育者的素质。因此,高职院校人才培养目标必须以国家教育方针为指导,完成以思想政治和职业道德为主体内容的"立德",以职业知识、职业技能、职业指导为主体内容的"强技",以全面提高素质为主体内容的"提质"三项任务。这三项任务为高职院校人才培养规定了教育教学的主体内容,为高职院校完成"立德树人"这一根本任务提供了基本思路。

1. "立德"是高职院校人才培养目标的关键任务

"立德"是对"立什么德,树什么人"这一重要问题的践行和落实。"德"包括政治品德、职业道德、社会公德、家庭美德、个人品德等,其中政治品德是"德"的核心和方向,"德"的其他内容必须服务于政治品德。"立什么样的政治品德"决定着学生的政治属性、阶级立场和价值取向,决定了学生将来成为"谁的人""为谁服务"这一根本问题,也反映出高职院校解决"培养什么样的人、如何培养人以及为谁培养人这个根本问题"的阶级立场和政治方向。高职院校人才培养目标的"立德"就是教育、引导学生"明大德、守公德、严私德"。这就要求高职院校应帮助学生坚定理想信念,厚植爱国主义情怀,增强"四个自信",全心全意服务人民群众,肩负起民族复兴的大业;帮助学生培养公共道德、职业道德,遵守"爱岗敬业、诚实守信、办事公道、服务群众、奉献社会"五项基本规范;帮助学生养成家庭美德,培养个人品德,树立正确的爱情观、婚姻观、家庭观,养成良好的行为习惯、生活习惯,严格约束自己的日常行为。

2. "强技"是高职院校人才培养目标的主体任务

职业教育之所以能成为类型教育的重要依据在于人才培养目标的特殊

性，即培养技术技能型人才，与其他类型教育有明显的区别。学生之所以选读职业院校，就是希望成为一个能实现社会价值和自我价值的技术技能型人才。因此，"强技"顺理成章地成为高职院校人才培养目标的主体任务，成为构成"树人"不可分割的重要组成部分。高职院校的"强技"是建立在职业而非学科基础之上的知识体系，与普通高等院校的人才培养有实质性差别。它强调高职院校应改变以专业学科为基础向学生传授知识、培养能力的教育模式，转向以特定的职业岗位或职业岗位群为基础向学生传授职业知识、培训职业技能、培养职业能力、进行职业指导等教育模式。这一转变为职业教育成为类型教育打下了坚实的基础，同时也帮助学生减少了由学科知识和技能转换为职业知识与技能这一环节，缩短了高职院校毕业生初次就业的适应期，强化了毕业生职业生存和发展的能力，特别是高职院校开展就业能力、创业能力及职业适应等方面的教育和指导，为毕业生拓宽了职业发展的道路和人生发展的空间。

3. "提质"是高职院校人才培养目标的基础任务

"提质"，即全面提高学生的素质，它是保障学生进入社会持续健康发展的基石，是促进他们成为"全面发展的人"的基础，关系到"立德树人"这一根本任务的有效完成。全面提升素质应该要"培养大学生的独立思考能力、获取并处理信息能力、分析判断能力、质疑批评能力、解决问题能力、创新创造能力"，帮助他们形成适应终身发展和社会发展需要的必备品格和关键能力。此处的"素质"不仅包含支撑"德""智"发展的素质，还包含"体""美""劳"等其他素质。这就要求高职院校在人才培养过程中要紧紧围绕高职院校学生"立德""强技""提质"三项任务，在提升学生政治理论、政治素养以及强化技能水平的同时，不断培养学生健康体魄、健康心态和调适心理的能力，帮助他们树立尊重劳动、热爱劳动的观念，倡导其积极参与社会劳动，培养职业精神、专业精神和工匠精神，强化他们创造社会财富的能力，并且还需要培养学生具备必要的人文素养、审美能力和维护人格尊严的能力。此外，随着我国高职院校教育信息化水平以及国际化程度的不断提高，高职院校还应当强化学生的信息化意识及现代信息技术运用能力，引导学生树立全球意识，深刻理解人类命运共同体的内涵与价值，关注全人类的生存、幸福。

二、高职院校高质量发展与思政课程混合式教学改革

(一) 思政课程在人才培养中的地位日益重要

在我国高等教育的发展进程中，思想道德教育被赋予优先地位，全面素质人才培养过程中，我们应秉持立德树人、德技并重的原则。无论在任何时期、任何发展阶段，高层次职业教育均需秉持思想政治教育与技术技能培养相融合的原则。高等教育的高质量发展目标在于"充分实现人的发展与经济社会发展之间的平衡或协调"，为了达到这一目标，我们需要在保障我国国民教育体系和人力资源开发稳定运行的同时，既要培养职业人才的技能"硬本领"，也要不断促进他们道德"软素质"的提升。现代职业教育不仅是职业技能的培养，还需深入推进符合新时代精神文明建设核心素质的培养，促使职业技能人才全面发展，培养出有道德、有热情、有情怀的高素质技能人才。

在职业教育高质量发展背景下，学生的崇高理想、坚定信念等"软素质"的培育不容忽视。作为思想政治教育的主要途径，思政课程需不断完善教学内容和教学方法。关于高素质职业技能人才所需的"软素质"，尽管不同学者从不同角度提出了不同的素质体系，具体内容莫衷一是，但各体系均认可以下核心素养：道德素质、法纪意识、职业精神和工匠精神。

职业教育高质量发展是一项系统性工程，思政课程教学成果是系统建设的重要支撑。通过思政课程教学，我们应加强大学生对高层次职业教育的认知和认同，引导他们在职业教育高质量发展中实现技能报国、技能强国的社会价值。同时，思政课程教师还需针对职业教育进行有针对性、特色化的思考，推动地域特色职业教育的创新发展，构建适应我国新时代发展战略的职业教育新范式。

（二）高职院校高质量发展背景下思政课程混合式教学改革

高职院校高质量发展背景下思政课程混合式教学改革，是应对新时代教育需求的重要举措，也是提升思政教育实效性的关键途径。随着信息技术的迅猛发展和教育教学理念的更新，混合式教学以其独特的优势，成为推动思政课程改革的重要力量。

1. 明确思政课程混合式教学改革的目标和原则

在高职院校思政课程混合式教学改革中，我们首先要明确改革的目标和原则。目标上，我们要注重提升学生的思政素养，培养学生的社会责任感和创新精神，使其成为德智体美劳全面发展的社会主义建设者和接班人。原则上，我们要坚持以学生为中心，注重教学过程的互动性和实践性，充分利用信息技术手段，打造线上线下相结合的教学模式。

2. 混合式教学确保教学内容真实性

思政课程作为承担"为党育人、为国育才"使命的关键课程，其教材在实践中持续创新，日益丰富和深化。教学内容以教材为基石，在传递党的创新理论时需紧跟时代步伐，回应学生关切，直面现实，精准定位，并深入剖析问题本质。因此，要使思政课程的教学效果达到预期，确保教学内容的真实性至关重要。习近平总书记在学校思想政治理论课教师座谈会上，针对思政课程的教学提出了"八个统一"的要求，其中特别强调了理论性与实践性相结合的重要性。思政课程的内容旨在从理论上清晰、深入地阐释中国化的马克思主义理论。信息技术的运用，有助于在思政课堂上原汁原味地展现党的创新理论，从而确保理论宣讲的准确性、科学性和时效性。思政课程混合式教学不仅拓宽了学生获取知识的途径，为学生树立了家国情怀、提升了政治认同，而且对于纠正错误思潮、批判虚无主义、辨别价值取向等提供了坚实的理论支撑和生动的案例参考。

3. 混合式教学有助于加强思政课程的针对性和实效性

传统思政课堂的教学模式，长期依赖于教师单向的知识传授，导致教学内容、形式与当前学生的学习实际存在显著差距。在这种模式下，学生的学习主动性普遍不足，专注力亦有待提高，从而影响了课堂的整体效果与教学质量。为了应对这一挑战，思政课程正在逐步实施混合式教学策略。这一策略在课前阶段，通过在线调查和前期测评等方式，对学情进行精准分析，并利用立体化教学资源引导学生进行预习和自学。课中，则依托新型课程平台，借助虚拟仿真技术实现多屏互动、沉浸体验等创新教学方式，深化课堂交互效果，同时改革课堂管理方式，确保实时关注学生的学习状态。课后，通过在线文档协作完成作业，旨在提升学生自主探究学习的主动性，同时，在线作业批改也进一步提升了教学评价的效率和准确性。思政课程混合式教学以创新为核心驱动力，结合学生多样化、个性化的学习需求，打破传统思政课程单一僵化的教学模式，借助信息技术推动思政课程教学的发展，进而在新一轮的课程改革中实现教学质量的提升和效率的优化。

4. 混合式教学有助于思政课程教师的成长

上好思想政治理论课，其核心要素在于教师。从教师个体层面分析，信息技术支撑下的立体化教学资源构建，为教师提供了快速、高效获取知识与案例的途径。思政课程的深度理论探讨与课堂教学所需案例的时效性，均依赖于广泛且专业的信息获取。借助信息技术，优质在线课程为同行之间的学习交流提供了平台；线上理论培训与学习则有助于教师理论知识的储备与更新；课程平台的教学大数据能协助教师发现不足，进行有针对性的学习与提升。这些均有助于教师深入理解、透彻讲解、生动传授思政理论，进而提升思政课程的教学能力。从教师团队层面来看，信息技术推动了学校思政教育资源建设，使课堂内容更加丰富，师生的思政视野更为广阔，思政的育人方式更加灵活多样。在这一过程中，信息化、数字化技术为"大思政课程"注入了智慧动力，促进了教师与学生之间的心灵沟通、智慧启迪，为实现立德树人的育人目标奠定了坚实基础。

高职院校思政课程混合式教学改革是一个长期而复杂的过程，需要全体师生的共同努力和持续探索。我们要坚持以学生为中心的教学理念，注重教学内容和方法的创新与实践，不断提高思政课程的教学质量和水平，为推动高职院校高质量发展做出更大的贡献。

第四节　高职院校思政课程混合式教学情况调研

根据研究目标，即探究高职院校思政课程混合式教学开展的情况，本书选择我校思政课教师和学生进行"毛泽东思想和中国特色社会主义理论体系概论"（以下简称"概论课"）课程混合式教学的调研。

一、研究设计

（一）问卷设计

本次调查主要目的是了解高职院校学生在思政课程混合式教学中的学习情况与学习感受以及对混合式教学的意见和建议。问卷主要设计了三大核心内容，具体调研问卷详见附录1。

1. 个人基本信息

该部分旨在全面了解参与调查学生的个人基本信息，涵盖性别、年级、网龄、日常上网时长等关键要素。

2. 混合式教学使用和认知评估

此部分聚焦于学生对混合式学习的使用意愿和认知程度。具体内容包括：学生线上学习情况、学生思政课程混合式平台登录与了解情况、对线上资源的认知与评估等。

3. 混合式教学体验、效果与评价

此部分旨在深入了解学生对混合式学习的看法、需求、评价及建议。具体调查内容包括：影响学习效果的关键因素、思政课程混合式教学的满意度以及对学习成效和评价。

（二）研究对象

本研究的研究对象为参与传统课堂和在线学习平台相结合进行混合式教学的学习者。研究选取开展"概论课"混合式教学的2022级和2023级学生作为研究对象。本研究共获得有效问卷344份。

二、调查问卷结果分析

根据调查问卷，我们对学生互联网使用情况、思政课程线上学习情况、思政课程混合式教学认知与使用情况、思政课程混合式教学体验与评价、思政课程混合式教学效果等几个方面进行具体分析。

（一）学生互联网使用情况

如表 3-1 所示，统计数据显示，拥有 4~6 年网龄的学生占比 33.72%，6 年以上网龄的达 40.12%，也就是 73.84% 的学生网龄在 3 年以上，这一数据清晰地反映出 2/3 的学生拥有较为丰富的网络使用经验，且在进入大学前便已具备一定的计算机操作技能。对于思政课程教师而言，无论是否推行混合式教学模式，绝大多数学生已在使用互联网，甚至有一部分学生已自发地开展了混合式学习。尽管这种学习模式可能缺乏明确的指导和规划，但其普遍存在的事实不容忽视，这是当代教育工作者必须正视并予以关注的重要问题。

表 3-1　学生网龄情况

选项	人数	百分比	累计百分比
1 年以内	3	0.87%	0.87%
1~3 年	87	25.29%	26.16%
4~6 年	116	33.72%	59.88%
6 年以上	138	40.12%	100.00%
合计	344	100.0%	

在表 3-2 所呈现的数据中，显示 46.80% 的学生每日上网时长超过 6 小时，且高达 30.81% 的学生每日上网时间超过 9 小时。这一数据凸显了互联网在当代大学生活中的显著影响。尽管互联网信息资源繁多，质量参差不齐，但不可否认的是，互联网已成为学生业余时间的主要占据者，是他们学习生活中不可或缺的一部分。我们无法割裂青年一代与互联网之间的

联系，而应积极引导他们以正确的态度面对网络世界，科学合理地利用互联网资源，从而助力学生顺利完成学业，成长成才，实现既定的教育计划和培养目标。

表3-2　学生每天上网时长

选项	人数	百分比	累计百分比
基本不上网或少于1小时	4	1.16%	1.16%
1~3小时	32	9.30%	10.46%
4~6小时	41	11.92%	22.38%
7~9小时	161	46.80%	69.19%
9小时以上	106	30.81%	100.00%
合计	344	100.0%	

注：上网时长包括计算机和手机上网。

表3-3展示的数据清晰地揭示了学生登录思政课程进行线上学习的情况。具体来看，在参与调查的学生群体中，有接近一半的学生，即46.80%的学生，他们每周登录思政课程的频率相对较低，主要集中在1到3次。这意味着，这些学生并不是每天都进行线上学习，而是选择了在一周中的特定几天来进行课程学习。相对而言，只有少部分学生（占比13.37%）表现出较为频繁的登录行为，即每天都坚持登录思政课程进行线上学习。这个数据表明，多数学生还没有形成日常化的线上学习习惯，需要进一步的激励策略来提高他们参与思政课程线上学习的积极性。

表3-3　学生每周登录思政线上课程学习次数

选项	人数	百分比	累计百分比
每天都登录	46	13.37%	13.37%
4~5次	105	30.52%	43.90%

续表

选项	人数	百分比	累计百分比
1~3 次	161	46.80%	90.70%
基本不登录	32	9.30%	100.00%
合计	344	100.0%	

根据表 3-4 所示的数据，我们可以看出，在每周的思政课程线上学习时长上，有近一半的学生，具体来说，是 48.84% 的学生，他们的学习时长保持在 1 到 2 小时之内。这表明，这部分学生对思政课程的线上学习还是相对投入和认真的。然而，还有 21.22% 的学生，他们的线上学习时间少于 1 小时。这个数据告诉我们，尽管思政课程对学生的思想教育至关重要，但仍有部分学生对这门课程的学习缺乏足够的重视，或者他们在时间管理上存在问题，导致他们的学习效果受到影响。这也给我们提出了改进的空间，如通过提高课程的吸引力，或者加强对学生学习时间的指导，来提高这部分同学的学习效果。

表 3-4　学生每周思政课程线上学习时长

选项	人数	百分比	累计百分比
少于 1 小时	73	21.22%	21.22%
1~2 小时	168	48.84%	70.06%
3~5 小时	78	22.67%	92.73%
5 小时以上	25	7.27%	100.00%
合计	344	100.0%	

（二）对混合式教学认知与使用情况

在当前的教育环境中，学生对于通过网络平台进行思想政治课程学习的方式已经有了相当程度的认识和了解。根据表 3-5，大约有 65.70% 的学生表示他们对这样的在线学习平台"了解"，甚至有 24.13% 的学生表示他们对这些平台"非常了解"。这一数据充分展示了现代教育技术在高职院校中的普及程度以及学生对于新学习模式的适应能力。这种线上学习的方式，不仅为学生提供了更为灵活的学习时间安排，同时也丰富了教学资源的获取途径，使得学生能够更加便捷地接触和理解思政课程的教学内容。

表 3-5　对思政课程线上学习平台的了解程度

选项	人数	百分比	累计百分比
非常了解	83	24.13%	24.13%
了解	143	41.57%	65.70%
一般	111	32.27%	97.97%
不了解	7	2.03%	100.00%
合计	344	100.0%	

根据表 3-6 所示的数据，我们可以明显观察到，在参与调查的学生群体中，有超过七成的学生，即71.8%的学生，他们普遍认为通过线上学习的方式以及所提供的课程资源，对于他们的学习进程是有益的，甚至可以说起到了至关重要的作用。这一数据清晰地反映出学生们对于线上学习模式的肯定态度，同时也表明他们对课程资源质量的高度认可。这种积极的反馈为我们进一步优化线上教育资源，提高其质量和可用性提供了宝贵的意见和参考。

表 3-6　对思政课程线上学习平台和课程资源对学习的帮助程度

选项	人数	百分比	累计百分比
非常有帮助	109	31.69%	31.69%
有帮助	138	40.12%	71.80%
一般	93	27.03%	98.84%

续表

选项	人数	百分比	累计百分比
没有帮助	4	1.16%	100.00%
合计	344	100.0%	

　　通过仔细分析表 3-7 中的数据，我们明显观察到一个显著的趋势，那就是在参与调查的学生群体中，超过一半的学生更倾向于线上资源中的视频内容。这表明，视频作为一种教学辅助材料，在学生中受到了广泛的欢迎和认可。相比之下，其他类型的线上资源，如文本资料、音频讲座等，显然没有引起学生们的同等兴趣，其关注度普遍较低。这可能是因为视频资源能够更直观、更生动地传达信息，从而更符合当代大学生的学习习惯和偏好。因此，教育工作者在设计和提供线上教学资源时，应当更多地考虑这一趋势，增加视频资源的比例，以提升学生的学习积极性和效率。

表 3-7　你最喜欢思政课程线上学习平台上的哪种课程资源

选项	人数	百分比	累计百分比
视频	198	57.56%	57.56%
课件	43	12.50%	70.06%
案例	69	20.06%	90.12%
习题	7	2.03%	92.15%
项目任务	2	0.58%	92.73%
拓展资料	14	4.07%	96.80%
讨论	11	3.20%	100.00%
合计	344	100.0%	

　　根据图 3-1 与表 3-8 所示的数据，可以明显观察到，在参与调查的学生群体中，有接近 1/3 的同学，即 33.34% 的比例，他们倾向于传统的课堂讲授方式，这可能是因为他们认为直接的口头传授能够更快速地获取知

识，并且有利于实时提问和解答。此外，有 14.24% 的学生希望结合移动学习和网络课程，以及线下讲授的方式进行学习。这种选择反映出这些学生对于利用现代信息技术手段，如移动互联网和网络资源，来拓宽学习时间和空间的需求，他们希望通过这种方式来提高学习的灵活性和便捷性。另外，有 17.73% 的学生倾向于"线上网络课程+线下课堂讲授"的混合式教学模式，这表明这部分学生认识到网络课程可以提供丰富的学习资源，同时线下课堂讲授具有人际交流和即时反馈的优势，他们希望通过结合两种方式来获得更全面的学习体验。这些数据共同揭示了学生们对于不同教学模式的偏好和期望，为教育工作者在设计教学方案时提供了重要的参考。

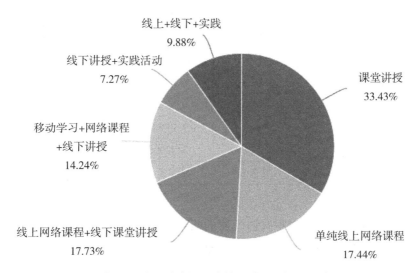

图 3-1　学生最希望思政课程采用的教学形式

表 3-8　你最希望思政课程采用哪种教学形式

选项	人数	百分比	累计百分比
课堂讲授	115	33.43%	33.43%
单纯线上网络课程	60	17.44%	50.87%
线上网络课程+线下课堂讲授	61	17.73%	68.60%
移动学习+网络课程+线下讲授	49	14.24%	82.85%

续表

选项	人数	百分比	累计百分比
线下讲授+实践活动	25	7.27%	90.12%
线上+线下+实践	34	9.88%	100.00%
合计	344	100.0%	

表 3-9　吸引学生进行思政网上课程学习的因素

选项	响应		普及率($n=344$)
	n	响应率	
课程内容丰富	258	21.68%	75.00%
教师授课要求	174	14.62%	50.58%
个人兴趣	192	16.13%	55.81%
提高学习效率	146	12.27%	42.44%
扩展知识面	166	13.95%	48.26%
可自由支配时间学习	114	9.58%	33.14%
自我提升需求	110	9.24%	31.98%
其他	30	2.52%	8.72%
汇总	1190	100%	345.93%

在对学生进行思政课程网络学习的吸引力因素进行深入调研后，我们发现，在诸多影响学生参与在线思政课程学习的因素中（可多选），最为重要的前三个因素分别是：课程内容丰富（占比 75.00%），教师授课要求（占比 50.58%），以及个人兴趣（占比 55.81%）。这些数据清晰地表明，在网络环境下，要想提升思政课程的学习效果，必须从这三个方面着手，一是丰富课程内容，提升课程的吸引力；二是提高教师的教学水平，以严格的教学要求促进学生的学习；三是激发学生的学习兴趣，让学生在学习过程中保持积极的态度。

（三）对思政课程混合式教学的体验和效果

从表 3-10 和表 3-11 中我们可以看出，经过一番体验和参与之后，学生们对于思政课程混合式教学模式普遍表示出了正面的评价和满意感。在针对学生喜好度的具体调研数据中，表 3-10 显示出绝大多数学生对思政课程混合式教学抱有积极的态度，其中高达 61.05% 的学生明确表示他们对这种融合了传统面授教学与现代化信息技术的新型教学方法感到喜爱，甚至有的学生认为这种教学方式非常符合他们的学习需求和习惯。这一数据充分表明，混合式教学在思政课程中的运用是成功的，它不仅激发了学生的学习兴趣，还提高了教学的效果和质量。

表 3-10 对思政课程混合式学习的喜欢程度

选项	人数	百分比	累计百分比
不喜欢	3	0.87%	0.87%
一般	131	38.08%	38.95%
喜欢	123	35.76%	74.71%
非常喜欢	87	25.29%	100.00%
合计	344	100.0%	

表 3-11 对思政课程混合式教学的整体满意度

题项	人数	百分比	累计百分比
非常满意	148	43.02%	43.02%
满意	135	39.24%	82.27%
一般	60	17.44%	99.71%
不满意	1	0.29%	100.00%
合计	344	100.0%	

通过仔细分析表 3-11 中的数据，我们可以得出一个明显的结论，那就是在参与思政课程混合式教学的学生中，超过 80% 的学生对这种教学方式表示出了满意的态度，具体数字达到了 82.27%。这表明，混合式教学在思政课程中的应用得到了大多数学生的认可和肯定。同时，我们还可以看

到，在这 82.27%表示满意的学生中，有 43.02%的学生对思政课程混合式教学表现出了极高的满意度。这一数据说明，混合式教学在提高学生学习兴趣、提升教学效果方面，确实起到了积极的作用。

通过仔细分析表 3-12 的数据，我们可以明显地观察到，在思政课程中采用混合式教学方法已经取得了一定的成效。具体来看，在接受思政课程混合式教学的同学们中，有 40.12%的学生表示这种教学方式帮助他们解决了许多思想上的困惑，这无疑是一个积极的结果。

表 3-12　思政课程是否帮助你解决了思想困惑

选项	人数	百分比	累计百分比
解决了很多	138	40.12%	40.12%
解决了一些	161	46.80%	86.92%
说不清楚	39	11.34%	98.26%
基本没解决	5	1.45%	99.71%
完全没有解决	1	0.29%	100.00%
合计	344	100.0%	

进一步地，当我们审视表 3-13 中的学生思政课程混合式教学学习效果量表时，可以发现其中的平均分极高，全部都在 3.95 分(满分 5 分)。这表明，学生对思政课程混合式教学的评价基本是正面的，认为这种教学方式对他们的学习有较大的帮助。

表 3-13　学生对思政课程混合式教学的满意度

名称	样本量	最小值	最大值	平均值	标准差
通过混合式教学学习，我的实践能力有了很好的提升	344	2.000	5.000	3.945	0.815
通过混合式教学学习，我的创新能力、价值观念都有了很好的提升	344	1.000	5.000	3.953	0.832

名称	样本量	最小值	最大值	平均值	标准差
通过混合式教学学习，我的团队协作能力有了很好的提升	344	2.000	5.000	3.930	0.819
通过混合式教学学习，我的问题解决能力有了很好的提升	344	2.000	5.000	3.948	0.817
通过混合式学习，我可以达到课程的学习目标	344	2.000	5.000	3.948	0.803

总之，思政课程混合式教学在学生中的满意度较高，教学改革的方向得到了学生的广泛认可。这也为我们进一步深化教学改革、优化教学方法、提高教学质量提供了有力的数据支持。

三、教师访谈与交流

为了深入探究普通高职院校混合式学习的全面开展情况，本次问卷调查的主要受访群体聚焦于在校大学生。此外，为了获得更为全面且细致的反馈，本研究团队亦主动前往两所高职院校，与思政课程教师及教学管理者(主要是学校教务部门和马克思主义学院教务秘书)进行了深入的交流与探讨，旨在揭示混合式教学在推进过程中可能遭遇的各类问题与挑战。

因为本研究主要聚焦于思政课程混合式教学的实效性，访谈主要围绕现今思政课程混合式教学面临的问题、如何设计混合式教学、如何提升学生参与混合式教学的积极性、混合式教学实效性影响因素以及思政课程混合式教学实效性提升对策等核心问题展开(详见附录2《关于高职院校思政课程混合式教学实效性访谈提纲》)

经过深入的访谈和交流，笔者发现两所高职院校的管理层与思政课程教师对于我国普通高职院校混合式学习所面临的问题，持有高度一致的看法，主要集中在以下三个关键方面：

(1)学校层面的支持力度不够。思政课程的重要地位已经形成共识，但混合式教学很多学校都在探索，而高职院校在混合式教学的建设与推广上投入的资源相对较少，主要体现在学校投入不足和对混合式教学的认知不足等方面。此外，混合式教学这一模式尚未被正式纳入教育体系之中，因此未能得到学校层面的充分重视，从而制约了其推广与应用的速度。

（2）教师层面所呈现的问题主要包括两方面。首先，学校对混合式教学的重视程度不足，未能在课程规划、工作量核算以及教师发展等关键领域，给予从事混合式教学研究与实践的教师应有的认可和支持。其次，参与混合式教学的教师本身亦存在不足，他们在高职院校混合式教学平台的建设方面经验匮乏，难以基于学生的个体差异和学习需求来开设相应的课程，同时，他们亦缺乏必要的在线教育理论与实践知识。

（3）鉴于当前高职院校在混合式教学实施过程中的盲目性和随意性，以及对学生的需求把握不足，急需制定一套严谨且系统的混合式教学课程体系标准。当前的课程内容设计在结构上缺乏系统性规划，既缺乏针对性又缺乏灵活性，导致难以满足当代大学生日益增长的多样化的在线学习需求。因此，我们必须高度重视并加快构建混合式教学课程体系的标准化工作。

（4）高职院校混合式教学在教学理念、方法以及环境条件上亟待全面革新。本次访谈所接触的大部分受访者均来自一线教师群体，他们普遍反映在实施混合式教学过程中缺乏可供借鉴的经验，时常面临诸多挑战与疑惑。同时，高职院校在推广和应用混合式教学方面尚缺乏明确而系统的教学理念、科学的教育方法、完备的教学条件以及良好的学习环境，且缺乏一套规范有效的评价体系作为支撑。

四、研究发现

经过对详尽的调查结果及数据的严谨分析，我们得以深入了解并掌握高职院校对思政课程混合式教学的认知与评价现状，同时，也揭示了高职院校思政课程混合式教学推行过程中所面临的困境以及亟待解决的关键问题。

在思政课程混合式教学中，通过以上调研，我们可以发现：

（一）思政课程混合式教学实效性还有待进一步提高

针对学生群体而言，混合式教学的实施尚缺乏科学指导与规范平台，长期处于自发的状态，难以促进学习质量的显著提升。首先，调查问卷数据显示，混合式教学中的预习环节相较于传统课堂学习需要投入更多的时间。在混合式教学中，视频课程并不会因学生的理解困难而自动暂停进行重点强调和重复，若未提前预习，则容易导致知识掌握不扎实，进而影响后续学习。

在传统课堂学习中，学生往往过度依赖教师的教学组织，处于被动学习状态。然而，在混合式教学中，学生需主动提出问题、解答问题，并在知识学习和深化过程中发挥主动作用，这要求学生具备更丰富的知识储备，需要课上课下查阅更多资料，进行深入思考。再者，对于大学阶段的学习而言，学习态度相较于学习方法更能影响学习成绩。部分学生自律性不足，在在线学习过程中容易分心，浏览与学习无关的网页或频繁进行网上聊天，从而显著降低学习效率和课堂注意力。调查指出，混合式教学要求学生保持高度注意力，若在学习视频课程时注意力分散，则会错过重要内容。尽管视频课程可以反复播放，但学习效率会因此大幅下降。因此，混合式教学并未使学习过程变得更为轻松。

（二）教师在思政课程混合式教学中的定位还需进一步加强

在混合式教学的语境下，教师的角色发生显著转变，需要我们对"教"与"学"进行重新的审视和定义。在混合式教学的实施过程中，教师的职责不再局限于知识的单向传授，而是更多地聚焦于知识的系统梳理和有效引导。相较于传统课堂中的直接知识传授，即告知学生"知识是什么"，在混合式教学中，教师更侧重于引导学生去自主探寻"知识在哪里"。

在课堂讨论环节，混合式教学尤其强调教师的引导功能，鼓励学生成为学习讨论的主体，而教师则更多地扮演组织者和协调者的角色。传统课堂中的学生"学"主要围绕"听"和"记"展开，而在混合式教学中，学生的"学"则转变为"找"和"解"，即学生在实际操作中从互联网平台上主动寻找所需知识,并在解决问题的过程中进行积极交流与自主探索。

随着互联网时代的到来,知识的生成、发展、获取和传播方式均发生了深刻变化,这些变化无疑对"教"与"学"的传统模式提出了挑战。混合式教学正是基于这一背景,充分利用互联网资源和教育信息化理念,对传统课堂教学进行革新,为"教"与"学"注入了新的活力与内涵。

总之,本章在阐述了高职院校思政课程混合式教学的重要性、移动互联网时代的思政课程混合式教学、高职院校人才培养与思政课程混合式教学的基础上,针对所在学校的思政课程混合式教学进行了问卷调查,并对两所学校的教师和教务管理者进行了深入访谈,经过对 344 份问卷和访谈数据的细致整理与分析,我们得以较为清晰地了解教师和学生对思政课程混合式教学实施情况的认知与评价。本章的系统分析,不仅为高职院校思政课程混合式设计和实践提供了依据,也为混合式教学实效性影响因素的研究提供了有力的支持,同时也为思政课程混合式教学实效性评价体系的构建奠定了坚实的研究基础。

第四章　高职院校思政课程混合式教学设计与实践

本章我们以所在学校的"毛泽东思想和中国特色社会主义理论体系概论"课程近几年的教学改革与实践为例进行阐述。"概论课"是必修课程之一，是提升大学生思想价值观的重要课程。近年来，不少高校致力于积极探索思政课程教学的创新模式，以立德树人为根本目标真正发挥思政课程的巨大作用。线上教学的迅速兴起，极大地促进了网络教学事业的发展，如何运用网络课程资源更好地开展"线上+线下"混合式教学，是推动"概论课"改革和创新的着力点和主攻方向。

第一节　高职院校思政课程混合式教学探索

当前高职院校应从其在国家高等教育中所占的数量以及实际在校人数出发，全面贯彻党的教育方针，落实立德树人根本任务，把培养高技能人才作为高职院校的育人出发点，努力区分"教书"与"育人"，让育人全程化，为此，作为育人主渠道的思想政治理论课就显得尤为重要，其育人成效需要不断地加以提升。

"概论课"作为高职院校思政课程必修的四门课程之一，是认识、理解、认同马克思主义中国化时代化理论光芒的重要窗口。因为高职院校没有开设"中国近现代史纲要"和"马克思主义基本原理"，所以高职院校的"概论课"比本科院校承载了更多的教学内容和教学目标。所以，高职院校"概论课"必须既能够承载育人的目标，又能够承载技能培养的目标，既注重培养"匠心"又注重培养"匠人"。

根据移动互联网时代高职院校学生学习特点和技术的发展趋势，笔者在"概论课"中开始进行教学模式创新，主要形成两种方式：一种是师生共建的微信辅助混合教学模式；二是蓝墨云班课的移动课堂教学模式。

一、师生共建的微信辅助混合教学模式

微信是腾讯公司于2011年推出的一个为智能终端提供即时通信服务的免费应用程序，提供公众平台、朋友圈、消息推送等服务。公众平台是微信中包含的一项系统服务，具有实时交流、消息推送和素材管理的功能。对学生而言，微信使用率高，操作简单，使用微信公众平台接收、查阅信息容易。我们充分利用微信公众平台的功能，打造师生共建微资源分享平台，开发一种将传统的教与学方式的优势与数字化学习优势相结合的新型混合教学模式，把课堂教学延伸到课下，把课堂搬到线上，把知识分发到移动端，用专业知识和信息占据移动终端。

(一) 师生共建的微信辅助混合教学模式设计

1. 建立 Workshop 学习研究小组

组成 Workshop 学习研究小组，首先对现有的学习资源从结构和内容方面进行解析与归类，从中分拣出适合进行移动学习的学习资源模块。然后根据课程授课进度安排学生进行相关内容收集整理，形成专题学习内容，根据微信公众号运行情况，进行知识点推荐、相关案例整理等。

2. 建立微信公众号

教师根据课程类别建立微信公众号，一门课程分为不同的学习主题，学习主题又由众多知识点按照逻辑结构组成。目前，微信公众号最多可创建3个一级菜单，每个一级菜单下的子菜单最多可创建5个。教师可以根据教学需求把不同学习主题设置为一级菜单，再把学习主题下的知识点放置到相应的子菜单上，以便学生快捷地通过分类菜单获取资源，从而提高学习的效率。

3. 微信公众号内容制作和推送

教师可以根据教学情况，确定公众号每期推送的主题与推送时间。相关学生可利用多种媒体形式，将学习主题或者知识点进行编辑、整理，利用公众平台推送出去，分享给其他学生，以利于学生碎片化学习。为了使碎片化知识更有系统性，可以利用多图文消息的方式，将单图文的微信消息集合到一条多图文消息中，将碎片化的内容结构化。除了内容推送，还可通过关键字自动回复、留言等功能进行一对一答疑。

4. 学生订阅、使用微信公众号

学生在课前订阅微信公众号，形成以同一专业学生为主的订阅用户。教师在教学过程中使用微信公众号进行辅助教学，并且督促学生使用公众号，让学生养成浏览习惯，最终成为学生学习专业知识的在线平台。

5. 建立考评机制

微信公众平台具有对推送内容的点赞、留言、投票功能以及后台数据分析功能，因此不仅教师可对学生完成任务情况进行评价，学生之间也可以互评，并且还可借助第三方平台的功能进行小测试。通过互评以及测试结果，给予学生奖励，以此来调动学生学习的主动性、积极性。

(二) 师生共建的微信辅助混合教学模式功能

教师可借助微信公众号推送思政课程学习资源，实现思政课程移动学习环境的基本构建，进而激发学生的学习热情，培养他们深度学习习惯。在课前，教师可向腾讯公司申请一个名称为"高级办公课程学习平台"的课程订阅号，将思政课程的教学内容、教学进度、教学目标等，通过文字、图片、视频、音频、链接等方式上传至微信公众平台，并为学生自主学习设置具体的任务要求。完成自主学习任务后，学生可针对较难的知识点反复学习，还可通过练习检测自学效果，而对于无法自主解决的疑难问题，可在课堂上向教师请教。

在课中，教师把微信公众号变为教学成果展示平台，展播优秀的思政课程作业或先进人物的事迹纪录片，以及领导人的重要讲话精神等，以真人真事感染学生，传播思想政治教育的正能量。另外，教师可以通过微信平台定时发布课堂测试题目,让学生利用碎片化时间参与答题,并借助平台发布的考核结果,用正向评价的方式激励学生从"只关注考试成绩"向"更关注学习过程"转变。

在课后,教师可使用微信的订阅、推送及自动回复响应功能,将思想政治理论的学习资料上传至微信平台并储存到素材库中,让学生通过回复关键词观看自动回复的相应的信息和内容。对于微信公众平台订阅号已发布的思政课程学习资源,教师通过登录后台管理系统统计点击率、阅读量、转发量等,获取学习者的基本情况、发布信息的阅读量、点赞量等学习数据,更准确地了解学生学习的参与度,掌握学生的思想动向,形成有效的学习反馈。此外,教师还可以使用定时发送功能,在规定时间内将思政课程作业、考试、实践活动等信息发送至微信平台。

实践证明,通过微信混合式教学模式的课前、课中、课后引导,不仅能增强学生的学习参与意识,培养他们的协作能力与创新思维,还能够顺利完成思政课程的教学目标。但在实际运用过程中,教师仍需注意三个问题:一是微信本身具有娱乐属性和社交属性,会分散学生的注意力,因此,一定要合理指导和监督学习过程;二是微信所能提供的只是"碎片化"的知识,因此,在进行教学设计时必须紧紧围绕教学目标,尤其要注意知识的系统性和完整性,只有这样,才能帮助学生建构对思想政治理论学科的整体认知,避免思维的"碎片化";三是随着科学技术的发展,微信等新媒体必将被广泛运用于高校的思政课程教学中,因此,教师要自觉提高新媒介素养、教育教学技能和思想政治素质,以便更好地为高职院校思政课程教学服务。

借助微信公众平台推送信息、相互沟通,可以提高教学效果,但日常操作过程中,教师不仅有繁忙的教学实践,还承担着一定的科研任务,时间和精力有限,微信公众平台如果没有专人看管,易流于形式。因此,微信公众平台采取"教师与学生共同管理,服务学生"的师生共建形式成为必然,指导教师的主要工作是负责微信公众平台的定位、内容框架的把握以及对信息的审核,学生主要负责编辑、整理和发布在微信公众平台上的原始图文资料，同时负责一些管理工作，并定期向指导教师反馈信息发布情况。这种方式增强了大学生的自我认同感，让学生服务学生，不仅可以使微信公众平台推送的信息更贴近学生、更好地满足学生的需求，还可以创造一种同学之间相互学习的良好氛围。

总而言之，自媒体时代，创建高校思政微信公众平台可以提高思政课程实效性，通过新媒体拉近学生与教师之间的距离，增进学生对思政理论课的亲切感，在思政课程教学中运用微信公众平台拓展教学也是与时俱进、顺应潮流发展的体现。创建高职院校思政课程微信公众平台，需要各级教育部门的高度重视和高校领导的大力支持，更需思政课程教育工作者不断探索，共同努力。

(三)师生共建的微信辅助混合教学模式注意事项

(1)硬件配套。微信教学在高职院校只能有条件地使用。从硬件来说，每个学生都要拥有一部智能手机，学校接入互联网络，最好实现 WIFI 全覆盖是微信教学课堂交流讨论的当然前提。从软件来说，它需要得到学校支持，学生既能熟练地运用微信等软件工具，又能自控自制，不借此沉迷网络、游戏、聊天等。

(2)合理分配，有效利用。微信教学只能辅助课堂讲授。课堂始终是课程教学的主阵地，学生在课堂上获得的是系统的知识。微信教学的引入，可以把课堂延伸到课外，激发学生的学习兴趣，促进生生、师生有效互动，但是微信教学传达给学生的是碎片知识而不能建构知识图谱。所以，微信教学只能作为课堂教学的补充，切忌主次颠倒，更不能取而代之。

(3)灵活运用。微信教学模式要灵活运用。俗话说：教学有法，教无定法。微信教学既要有一定模式便于操作，但又不能拘泥于固定模式生搬硬套，一成不变。

二、蓝墨云班课移动课堂教学模式

移动互联网给移动设备带来重大的改变，使我们可以随时随地上网，而智能手机的普及，使利用移动互联网进行教学改革成为可能，而且带来很大的便利。

蓝墨云班课教学平台界面风格简单而精致，操作起来也易上手，功能上贴合教师教学实际需求，在一定程度上可以改善教学方式，再配以丰富的教学资源，结合翻转课堂教学模式，是实现课堂重构的有效途径，同时可以提高学生学习的主动性和积极性，让教学过程更加轻松、有趣。

（一）什么是蓝墨云班课

蓝墨云班课以教师在网络云端创建的班群和班课空间为基础，为学生提供移动设备上的课程订阅、消息推送、作业、课件、视频和资料服务，实现教师与学生之间教学互动、资源推送和反馈评价。蓝墨云班课（以下简称"云班课"）以学生为中心，课前导学、课中参与、课后延伸，让学生在教学实践中全程参与。这种形式能够促进学生学习的主动性、积极性，增强师生互动，从而提高思政课程教学的实效性、针对性。通过云班课教学，可以把教师备课的过程、课堂内外教学中的师生互动、对学生的学习答疑和指导、作业布置、批改作业等几个步骤集中在一个小小的云服务平台上，把原来需要用纸和笔来做的事情，变成了用手指点触就可完成的事情，把课堂里的提问、举手回答变成了师生之间的即时互动和即时反馈。

课堂重构是教育教学改革的目标，翻转课堂教学模式是实现课堂重构的有效方式，而以云班课为代表的信息技术发展使翻转课堂的实现成为可能。学生是学习的主体，如果主体不愿意学习，教学改革只能是一个口号而已。云班课让绝大部分学生主动完成课前知识接收的过程，教师在课堂上的主要任务就是知识的内化，学生在课堂上有足够的时间讨论、展示、提升，这就是实实在在的翻转课堂教学。

（二）云班课功能介绍

1. 跟踪每个学生的学习进度，及时做出评价与考核

在每一模块的学习结束之后，老师可以在班课中上传测试题，每个学生随机抽取生成试卷（云班课可以自动生成题目顺序各不相同的若干套测试题），学生测试完成后进行提交，然后云班课可以自动计算每一道题目学生的正确率以及所花费的时间，并即时反馈给老师。这种方式节省了老

师手动阅卷的时间，能够更加直观地向老师反映每个模块的学习问题，而且云班课会对每个学生实施"经验值"评价，学生们通过签到、完成作业、课件下载、视频浏览和资源学习等方式增加经验值，经验值时时改变，老师也可以每节课后随时掌控。

2. 随时随地开展师生互动，提高教学质量

云班课 APP 与其他网络教学平台不同的是，苹果和安卓两大系统均可在各移动客户端使用，也可下载到电脑客户端操作。传统的网络教学平台因为难以用私人服务器支撑，所以一般由一个院系或一个专业的负责人进行操作，所能提供的服务也仅仅是根据各个老师开展的不同课程在平台上面发布教学资源如课程资料、模拟试卷等，而云班课则不同，在课堂上，老师可以在班课群中发布讨论问题引导学生使用 APP 进行文字讨论，第一，避免了上课时口头交流使课堂呈现闹哄哄的局面；第二，每个人都可以各抒己见，不用站起来或举手回答问题，也不会在回答错了的时候觉得尴尬；第三，老师可以实时收到学生们的讨论信息，对回答正确的或者新颖观点的学生进行"点赞"。这种讨论方式不仅能活跃课堂的气氛，而且每参与一次讨论，可以相应地增加讨论者的经验值，鼓励平时不常关注课堂、不爱参与讨论的同学来获得经验值，在期末考核中给老师留下一个好印象。课后，老师可以在群组里发起讨论，学生有不懂的问题可以向老师反馈。与 QQ 群不同的是，云班课可以根据具体的知识点以及问题等向老师提起问题，而且在群组里，所有学生都能一起进行讨论，提交的结论模式可以是视频、图片和 WORD 文档等。

3. 开展丰富多彩的实践活动，不断提高学生的综合素质和能力

利用云班课教学平台，学生可以按需获取学习资源并自主安排学习进度，培养自身信息获取能力和自学能力。在教学中，以小组协作学习方式开展教学活动可以锻炼学生的团队合作能力、沟通能力、思辨能力和语言表达能力，在促使学生达成教学目标的同时，也有助于其综合能力的提高。云班课教学平台的良好运作需要后台的维护和管理，可以让学生参与平台的管理和建设。可以鼓励每个学生建一个自己的班课，整理自己收集

的所有课程学习资源，老师创建一个私密圈，让平行班所有学生都加入圈内，学生挑选有价值的知识予以分享，老师点赞、打赏，在实践中不断提高学生的文字编辑水平、组织协调能力。

(三) 云班课的运用与实践

当前，以移动网络、移动设备和应用软件为基础，依托智能手机、平板电脑等终端设备和智能操作系统的移动互联网迅速发展。移动互联网在高校大学生中广泛而深入的应用，对高校传统的教学带来了严峻的挑战。为此，习近平总书记指出："宣传思想工作是做人的工作的，人在哪儿重点就应该在哪儿。"①他在全国高校思想政治工作会议上强调，高校思想政治工作要在平等沟通、民主讨论、互动交流中进行思想引导，"加强互联网思想政治工作载体建设……加强学生互动社区、主题教育网站、专业学术网站和'两微一端'建设"②。如何将马克思主义中国化时代化最新理论成果和相关学科专业的前沿信息通过网络平台及时传递给学生并入脑入心就显得非常必要，近年来，本人结合教学工作对此进行了有益的尝试。

很多思政课教师经过云班课教学尝试，深刻认识到在移动互联网时代，将各种多媒体手段渗透进思政课堂教学过程之中十分必要。以云班课为例，在云班课的界面里，教师创建一个学科班课，系统会自动产生一个邀请码，教师将邀请码公布给学生让其加入班课，这样教师就可以通过云班课来管理班里的每一个学生了。

学生的手机安装了云班课 APP 之后，教师将课程信息、学习要求、考试安排、课件、视频等学习资源即时传递到学生的手机上，让手机变成了强有力的学习工具，也激发了学生利用手机进行自主学习的热情。

课前，教师将准备好的微视频、音频、动画、图片、PPT 课件、文档等资料上传到班课中，班里每一个学生就都能够及时得到分享并完成预习任务。课中，教师可以通过云班课的互动功能在课堂上随时随地进行提

---

① 习近平关于网络强国论述摘编 [M]. 中央文献出版社，2021：51.
② 十八大以来重要文献选编 (下) [M]. 中央文献出版社，2018：488.

问、开展辩论赛、分组讨论、头脑风暴等教学活动,班里的所有学生都能参与,对于没有参与的学生,教师也能掌握相关情况,还可以利用云班课的通知功能及时提醒没有参与的学生。课后,教师可以通过云班课教学平台完成投票、问卷、答疑、优秀作品展示等。此外,还可以通过云班课教学平台完成签到、活动参与统计、学习进度跟踪、讨论答疑、课堂表现、通知发布、考试评价等教学组织活动。

项目学习结束之后,每位学生都会得到一个总评分,总评分 = 个人分(满分 50)+ 集体分(满分 50),其中个人分 = 电子教材(5 分)+ 自学测试(15 分)+ 微课视频(5 分)+ 头脑风暴(10 分)+ 课堂表现(15 分),集体分 = 完成方案策划(10 分)+ 小组自评(10 分)+ 小组互评(15 分)+ 教师评价(15 分)。此外,按标准流程上台演讲展示的同学可获得额外加分。尤其值得注意的是,各项测试可由教师根据课程内容需要自行设置,评分标准也可由教师根据课程内容的需要自行设置。由于云班课教学平台当前只能完成个人评分模式,集体评分尚无法自动生成,所以该评价模式最终由教师在积分本上汇总完成。

笔者经过一学期的云班课教学尝试,在学期结束时对授课的 9 个班级进行了调查了解,绝大多数学生表示非常喜欢云班课教学模式。他们认为云班课教学系统使用起来非常方便,采用这种教学模式上课感觉非常轻松,很多同学也非常关注成绩排名和经验值的积累,并且喜欢从平台上下载学习资料,认为平台上的教学资源丰富,很多同学还推荐给其他的老师和学生使用。由此可见,云班课教学模式比较受学生欢迎,可以很好地调动学生学习的积极性。

(四)云班课移动教学的优点

云班课教学模式之所以能够获得如此好评,主要有以下几方面原因:

1. 以手机为学习工具,符合学生生活习惯

学生的生活离不开手机,既然离不开,不如利用起来。云班课让学生随时随地学习成为可能,只要有网络,学生就可以利用手机阅读教材、观看微课、测试讨论、互动交流,可以利用零碎时间学习。与要使用电脑才

能学习的精品课程学习平台相比，对于没有电脑或不方便使用电脑的学生来说，以手机为学习工具，自然更受欢迎了。

2. 系统功能简单方便，符合学生学习习惯

经典的东西往往都比较简单，简单的东西往往更容易上手。学生都有畏难情绪，他们更愿意接受简单的学习任务和学习过程。学生在使用云班课时只需要按照学习指南完成阅读、测试、参与讨论即可，动动手指即可完成，且每一个环节都控制在 3 分钟之内，再配以图文并茂的微场景和微视频，学习就更加简单了，这符合学生先易后难的学习习惯。

3. 资源展现形式新颖，符合学生认知习惯

云班课教学平台可以汇集很多资源，教师可以将平时教学的教材、PPT、视频等多种资源上传供学生下载学习。但要真正吸引学生，这些未经精心策划的资源和活动往往不够，笔者在教学过程中将学习指南、测试、教学案例、课件等资源按教学进度及时发布出来，尤其是党的重大会议、决策、部署等，学生可以重复观看学习，极大地提高了点击量。

4. 互动评价及时明确，符合学生心理习惯

云班课根据学生参与学习的程度累积经验值，还根据经验值的高低分为"蓝钻学霸""白银学霸"等多种等级，满足学生争强好胜的心理。学生每完成一个学习环节，系统自动增加经验值；每完成一个测试，系统自动排名；每完成一个讨论，教师可马上点赞加分等。学生学习的每一个环节都在系统或教师的监控之中，都会及时给予各种评价和鼓励，能够激发学生的学习热情。

(五)总结与思考

借助云班课教学平台进行思政理论课移动教学，从课前、课中、课后三个方面全程贯穿教学过程，不仅提高了学生学习课程的积极性，而且提高了思政理论课的教学效果。但是在实践教学中还有很多问题需要继续探讨和研究。

(1)云班课成功实践的条件：畅通的网络，学生愿意安装 APP；学生课后、课前、课中都能够积极参与并反馈。但是在实践应用中我们发现，

高职院校一部分同学自控能力差，自主学习动能不足，完成任务的主动性不够，在课堂上一些学生总是进入与上课无关的系统程序。因此如何引导高职院校学生增强自制力是我们要思考和解决的问题。

（2）教学活动设计，考验思政教师驾驭课本课堂的能力：教学环节安排要合理，教学活动安排要有针对性、趣味性，这就要求思政课教师要有较高的教学设计水平和课堂运作能力。

（3）培养创新型高技能高素质人才是高职院校人才培养的目标。基于云班课支持的思政理论课在移动教学中如何培养学生的创新精神和实践能力是我们在信息化教学改革中需继续思考的问题。

伴随移动互联网时代的到来，我们致力于在混合式教学领域进行不断的探索与实践，以期达到最优化的教学效果。通过深入研究和创新，我们逐渐构建并完善了思政课程的混合式教学模式。这种模式将传统的教学手段与现代化的信息技术相结合，不仅丰富了教学的形式和内容，也提升了教学的互动性和趣味性。通过这种教学模式，我们能够更好地满足学生的个性化学习需求，激发他们的学习兴趣，帮助他们更有效地掌握知识，培养他们的创新思维和批判性思维能力。总的来说，我们的目标是通过混合式教学，将思政课程打造成更具吸引力、更有效率、更符合时代需求的课程。

第二节　高职院校思政课程混合式教学设计

混合式教学设计，是指在现代教育教学理论之指导下，充分借鉴并有效利用互联网的优势与特性，将在线学习与传统课堂教学进行有机整合，从而构建出一个相对稳固的教学活动结构框架。此教学设计应遵循的原则包括指向性明确、操作性简易、完整性良好以及稳定性高等。在混合式教学的设计过程中，学生及其学习评价始终占据核心地位，对教学过程中的其他因素具有决定性作用。具体而言，混合式教学设计既非以教师为核心的传统教学模式，亦非以互联网课程资源为核心的在线学习模式，其以学生为中心，课程安排、教学方法、讨论、练习、测试及学习评价等均致力于实现学生学习效果与效率的最优化，彰显出强烈的内在统一性。在混合式教学设计中，教师的角色已发生转变，不再仅仅是知识的灌输者或传授者，而更多地承担起知识梳理和学习引导的角色。学生的学习活动主要依托于混合式教学平台展开，学习进度与过程由学生自主掌握，而教师则负责把握学习进度与考试评价。

一、混合式教学设计理念

(一)树立起"学生为中心"的 OBE 理念

混合式教学作为一种教育范式，其核心理念在于以学习者为中心，着重关注个性化学习及学习过程的完整性。成果导向的教育(Outcome-based education，OBE)是一种以学习者为中心、学习成果为导向的教育理念，以教育目标分类、精准教育、能力本位教育等为理论基础，强调以预期学习成果为导向来组织、实施和评价教学过程。在混合式教学的设计上，必须充分贯彻这一理念，确保在线学习与面对面学习得以有机结合，彻底革新传统课堂教学流程，为学习者提供独特且富有成效的学习体验。混合式教学平台充分利用了互联网和信息技术的优势，将教师的课堂讲授内容录制为视频资料，并在教师的指导下供学习者观看学习。同时，辅以相应的在线测试和章节练习，以加强学习效果。

(二)强化自主学习

混合式教学平台的设计理念应当全面贯彻自主学习的原则，致力于使学生在教师的专业指导下，自主调控学习进度、内容及时间。教学视频的录制每节应控制在 15 分钟左右，确保主题鲜明、内容聚焦，以便学生随时回顾课程视频，自由选择和播放。此外，学生应在混合式教学平台上享有灵活选择学习时间、地点和进度的权利，以满足其个性化的学习需求，进而培养并提升自主学习能力。

(三)发挥教师的主导作用

在混合式教学设计中，我们应深刻认识到教师的核心价值。通常情况下，学习者更多地聚焦于课程内容、交互技术及学习资源，然而，教师的角色与贡献往往被忽视。在混合式教学中，尽管教师完成了课程视频的录制，但往往将精力主要集中于平台技术的修改与完善上，与知识本身及学习者的深入交流相对有限。鉴于此，混合式教学设计应充分彰显教师的作用。在此模式下，教师的角色已转变为学习活动的设计者、学习过程的促进者以及学生的心理辅导员。教师要完成对学生的指导、照顾和鼓励，并将更多时间和精力投入到具有更高价值的教育教学活动中。

（四）重视大数据的分析应用

混合式教学设计应深入贯彻大数据分析理念，确保对学习者学习全过程的细致追踪。利用互联网平台，记录学习者的学习进度、实时状态以及知识掌握程度等信息，借助数据分析功能，对学习者的学习行为及状态进行细致分析，涵盖学习路径、习惯及风格等方面，这一举措不仅有助于教师准确掌握学习者对预定学习任务的完成情况，还能清晰识别存在的问题，为后续的教育引导和干预提供明确的目标。这种基于大数据的精准分析，不仅使得教育更具针对性，而且是学习效果评价的重要参考依据。

二、思政课程混合式教学设计

混合式教学设计，即在当代教育教学理论的指导下，充分借鉴与利用MOOC平台的优势及特性，构建出一个稳定的教学活动结构框架，该框架融合了在线学习与传统课堂教学的精髓。在设计过程中，需严格遵循明确的目标导向、简易的操作性、良好的完整性和稳定性等原则。在此框架中，学生及其学习评价始终处于核心地位，对其他教学因素具有决定性的影响。换言之，混合式教学设计既非以教师为中心的传统教学模式，亦非以互联网课程资源为核心的在线学习模式，而是以学生为中心，所有的课程设计、教学方法、讨论、练习、测试以及学习评价等，均旨在实现学生学习效果与效率的最优化，体现出高度的内在统一性。在混合式教学设计中，教师的角色已发生转变，其主要职责不再是单纯的知识灌输者，而是知识的梳理者和学习的引导者。学生的课程学习主要依托混合式教学平台自主进行，教师则负责把控学习进度和进行考试评价。混合式教学设计结构详见图 4-1。

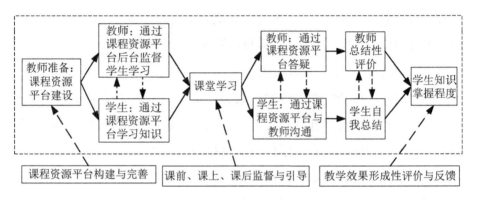

图 4-1　混合式教学设计结构示意图

混合式教学设计强调教师在教学过程中的核心地位，由教师精心挑选在线视频课程，并为学生设定明确的在线学习时间与进度要求。学生须按照教师指导，在混合式教学平台上观看教学视频，参与在线练习、测试及学习交流。视频课程学习完毕后，教师在课堂上引导问题研讨、课程实践、知识深化、练习测验及考试评价等环节。混合式教学设计通过教师的引导，有效结合了传统课堂的面对面学习与在线学习模式，优化了学习环境，丰富了教学内容，显著提升了学习质量。同时，混合式教学平台提供的自动评分和监测功能，能够客观、公正、及时地评估学生的学习成果，极大地提升了学生的学习效率与积极性，展现传统课堂无法比拟的优势。混合式教学设计作为一种创新的教学模式，是线上学习与传统课堂教学的完美结合，是教学设计积极适应互联网时代学习方式变革的重要探索。混合式教学整体设计及运行如图 4-2 所示。

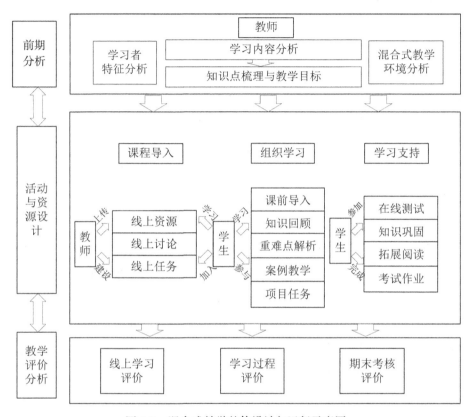

图 4-2　混合式教学整体设计与运行示意图

（一）混合式教学的前期分析

混合式教学前期分析，指任课教师在课程实施前，对即将开展的混合式教学课程进行的系统性、基础性的评估与分析。这一分析过程涵盖了对学习环境、学习需求、学习内容以及学习者特征四个关键维度的深入剖析。学习环境分析旨在评估教学资源的配置与利用情况；学习需求分析则侧重于明确教学目标与学生的学习期望；学习内容分析侧重于课程内容的组织与设计；而学习者特征分析则聚焦于了解学生的知识背景、学习风格及潜在能力，以确保教学策略的针对性和有效性。

1. 混合式教学学习环境分析

混合式教学环境由在线学习环境和面对面课堂学习环境共同构成。其中，在线学习环境涵盖硬件和软件两个层面。在硬件方面，主要包括网络设施的建设、宽带的提供以及服务器的部署等；而在软件层面，则涵盖了课程录制、交互工具的便捷性、学习分析程序以及程序设计自动评判等方面。另外，课堂学习环境主要指的是教室的布局和多媒体设备的配置。为了促进学生的讨论与交流，混合式教学的桌椅设计通常采用圆桌会议型，这一课堂环境设计显著区别于传统的课堂布局，为学生创造了更为便利的交流条件。

2. 混合式教学学习需求分析

混合式教学学习需求的核心在于教师在实施该模式前，需深入了解学生的学习动机与目标。为达成此目标，可采用问卷调研与深度访谈等方式，全面把握学生的学习需求。值得强调的是，混合式教学并非轻松随意的过程，部分学生可能抱有通过在线学习达到轻松或娱乐目的的心态，这种观念并不符合学习的本质。因此，通过对学生学习需求的细致分析，引导学生在混合式教学开始前形成正确的学习态度，对于提升整体学习效果具有至关重要的作用。

3. 混合式教学学习内容分析

通常而言，学习内容是指学习者经过系统性学习后，成功达成预设学习目标，累积相关经验与知识，进而提升个人能力的知识范畴。对于学习内容的分析，需深入把握学习者对经验与知识的具体期望、知识掌握的深度以及学习效果的预设目标。此分析通常在教学过程的前期阶段进行，作为混合式教学设计的重要组成部分，它既可作为独立模块呈现，亦可分解为多个模块进行组合。通过学习内容分析，能够合理安排学习进度、确立学习目标，并清晰定义学习任务，以确保教学过程的针对性和有效性。

4. 混合式教学学习者特征分析

学习者特征分析旨在深入洞悉学生的学习规律与习惯，精准把握学生的心理特征与青春期特质，以全面发展的视角实施学习干预策略。根据调查，当前大学生的思维展现出高度的抽象性与逻辑性，且普遍具备独立思考与个性化学习的明确需求。因此，进行学习者特征分析，不仅有助于我们准确把握学习者的学习特点与风格，还能有效识别学习过程中潜在的难题与挑战，进而协助学习者提升自主学习与探究学习的能力。

（二）混合式教学的学习活动设计

混合式教学活动设计严谨地划分为课程导入、组织学习及学习支持三个核心环节。

1. 课程导入

课程导入环节通常安排在课前阶段，学生将在教师的专业指导下，利用混合式教学平台观看精心制作的课程视频，进行以自主学习为主导的学习活动。此环节的核心目的在于引导学生关注课程问题，课前教师提供的预习清单以及混合式教学平台上的课程视频简介，均作为至关重要的学习资源，发挥着关键的导学功能。学生通过观看课程视频，实现了学习前置，不仅为后续学习阶段积累了必要的知识基础，还将个人对课程内容的理解与思考融入后续学习，有助于推动个性化学习与深度学习的形成。此外，学生可利用混合式教学平台上的讨论区、留言板等交互工具迅速组建讨论交流小组，对相关知识进行深入探讨，充分表达个人的观点和理解。此过程有效促进了学生从被动学习向主动学习的转变，以及从浅层学习向深度学习的跃升，使知识学习的路径更加流畅与高效。

2. 组织学习

组织学习通常贯穿于课程进行中，涉及教师与学生、学生与学生之间就课程学习中遇到的问题或疑虑展开的深入讨论、集体解答疑惑以及小组协作等学习活动。这一环节的核心目的在于解答学习者在视频课程学习中产生的疑惑和问题。通过师生间的交流探讨，对知识的重点和难点进行进一步的梳理和理解，促使学习者对知识进行深层次的学习和掌握，以达成预设的学习目标和教学任务。

在混合式教学模式下，组织学习环节通常借助传统课堂面对面学习的方式来实现，因为这种学习方式能够促进师生之间更为深入和细致的交流。同时，混合式教学平台在课前导入阶段记录了学生的学习情况，为教师提供了关于学生学习进展和疑难问题的数据支持，为后续的学习答疑和教学干预提供了重要的参考和策略依据。

尽管组织学习阶段主要依赖传统的面对面学习方式，但混合式教学平台的技术支持同样发挥着不可或缺的作用。它为学习者的自主学习提供了便利条件，例如，在 C++程序设计课程中，学生可以利用平台上的程序在线自动评判功能，即时判断自己提交的程序设计是否准确，从而不断完善和提高自身的编程能力，达到传统人工评判难以企及的高效率和良好效果。

3. 学习支持

学习支持主要集中在课中和课后两个阶段，其核心目的在于通过在线测试、课堂考试、课程作业等手段，对学习者所掌握的知识进行深度巩固与强化。在此环节中，教师依托混合式教学平台的作业评测模块，对学生提交的课后作业进行即时评估，并通过平台向学生提供反馈。此举确保学生能够迅速了解自身作业情况，针对存在的问题进行及时修正或调整，从而优化学习成效，提升学习质量。知识的理解与巩固是学习者实现知识内化的关键过程，混合式教学尤为重视学生对所学知识的自我反思与检验，通过交流、讨论、练习、作业和测试等多种方式，学习者能够巩固所学知识，进而提升学习质量。

(三)混合式教学的教学评价分析

混合式教学凭借其在信息化和大数据领域的优势，从多维度全面推动了思政课程教学效果的显著提升。相较于传统思政课程教学评价受限于技术与人力资源的模式，其通常采用随机样本分析方式对教师与学生、教学效果与学习成果进行评估，然而，混合式教学通过大数据技术，实现了从教与学全过程中系统搜集数据信息进行深入分析，从而全面、精准地反映教学状况，显著提升了教学评价的精确性与效率。高职院校在推行思政课程混合式教学时，应紧密围绕教学目标，科学合理地改革教学评价策略，以全过程、多元化的考核评价机制为驱动力，实现以评价促进教学、以评价激励学习的目标。此外，混合式教学平台也为教师提供了有效的指导工具。教师可以通过平台提供高质量的视频课程，引导学生查阅相关资料，并基于平台上的学习记录和考试成绩，对学生进行及时、准确的评价。这有助于帮助学生树立积极的学习态度，增强学习信心，激发学习兴趣和动力，从而提升学业成绩，最终实现学生的全面发展。

三、"概论课"混合式教学设计与运行

下面我们以我校"概论课"混合式教学设计进行分析和阐述。

（一）"概论课"混合式教学前期分析

在进行思政课程混合式教学活动设计之前，我们必须对学习者进行详尽的分析。学生作为学习的核心主体，对其的深入分析将极大促进混合式教学活动的高效与顺利推进。前期分析工作应聚焦于两个关键方面：学习者分析、学习内容分析，以确保教学活动的针对性和实效性。

1. 学习者分析

混合式教学的目的在于推动学习者的学习成效实现显著提升。在进行教学之前，对学习者的细致分析至关重要。这一分析主要聚焦于学习者的初始能力及独特特征。"概论课"开设于大一，他们作为新生，年龄主要集中在 18 岁至 20 岁。这些学生个性鲜明，倾向于展现自我，热衷于探索新鲜事物，并善于利用信息技术工具。然而，他们在信息鉴别能力上稍显薄弱，学习能力有待提升，习惯于从感性层面审视问题，缺乏理性思维训练，对现象的分析较为片面，思维模式略显单一。

2. 学习内容分析

在进行混合式教学之前，先对学习内容进行细致分析，依据学习内容特色进行相应的混合式教学活动设计，将会取得事半功倍的效果。以"概论课"为例，该课程是教育部规定的大学生的必修课程，是一门以思想政治教育学科为依托的重要课程。它以马克思主义中国化时代化为主线，从理论与实践、历史与逻辑的统一上揭示马克思主义中国化时代化的理论轨迹，充分反映中国共产党不断推进马克思主义基本原理同中国具体实际相

结合、同中华优秀传统文化相结合的历史进程和基本经验，集中阐述马克思主义中国化时代化理论成果的形成过程、主要内容、精神实质、历史地位和指导意义；是对大学生系统地进行思想政治教育的主渠道和主阵地。该课程结构体系见表 4-1。

表 4-1　"概论课"课程结构体系

项目	任务	细目	知识要点
项目1 导论	导论 马克思主义中国化时代化的历史进程与理论成果	1. 马克思主义中国化时代化的提出和内涵	①马克思主义的内涵 ②马克思主义中国化时代化的提出 ③马克思主义中国化时代化的内涵
		2. 马克思主义中国化时代化的历史进程和理论成果及其关系	①马克思主义中国化时代化的历史进程 ②马克思主义中国化时代化的理论成果及其关系 ③马克思主义中国化时代化的理论成果
		3. 学习本课程的要求和方法	学习本课程的要求和方法
项目2 毛泽东思想	第一章 毛泽东思想及其历史地位	1. 毛泽东思想的形成和发展	①毛泽东思想形成发展的历史条件 ②毛泽东思想形成发展过程
		2. 毛泽东思想的主要内容和活的灵魂	①毛泽东思想的主要内容 ②毛泽东思想活的灵魂
		3. 毛泽东思想的历史地位	毛泽东思想的历史地位

续表

项目	任务	细目	知识要点
项目3　新民主主义革命理论	第二章　新民主主义革命理论	1. 新民主主义革命理论形成的依据	①近代中国国情和中国革命的时代特征 ②新民主主义革命理论的实践基础
		2. 新民主主义革命的总路线和基本纲领	①新民主主义革命的总路线 ②新民主主义革命的基本纲领
		3. 新民主主义革命的道路和基本经验	①新民主主义革命的道路 ②新民主主义革命的三大法宝 ③新民主主义革命理论的意义
项目4　社会主义改造理论	第三章　社会主义改造理论	1. 从新民主主义到社会主义转变	①新民主主义社会是一个过渡性的社会 ②党在过渡时期的总路线
		2. 社会主义改造道路和历史经验	①适合中国特点的社会主义改造道路 ②社会主义改造的历史经验
		3. 社会主义基本制度在中国的确立	①社会主义基本制度的确立及其理论根据 ②确立社会主义基本制度的重大意义
项目5　社会主义建设道路初步探索的理论成果	第四章　社会主义建设道路初步探索的理论成果	1. 初步探索的重要理论成果	①理解调动一切积极因素为社会主义事业服务 ②正确认识和处理社会主义社会矛盾的思想 ③走中国工业化道路的思想 ④初步探索的其他理论成果
		2. 初步探索的意义和经验教训	①社会主义建设道路初步探索的意义 ②社会主义建设道路初步探索的经验教训

续表

项目	任务	细目	知识要点
项目6　中国特色社会主义理论体系的形成发展	第五章中国特色社会主义理论体系的形成发展	1. 中国特色社会主义理论体系的形成发展的社会历史条件	①中国特色社会主义理论体系的形成发展的国际背景②中国特色社会主义理论体系的形成发展的历史条件③中国特色社会主义理论体系的形成发展的实践基础
		2. 中国特色社会主义理论体系的形成发展过程	①中国特色社会主义理论体系的形成②中国特色社会主义理论体系的跨世纪发展③中国特色社会主义理论体系的新发展④中国特色社会主义理论体系的新篇章
项目7　邓小平理论	第六章邓小平理论	1. 邓小平理论首要的基本的理论问题和精髓	①邓小平理论的首要的基本的理论问题②邓小平理论的精髓
		2. 邓小平理论的主要内容	①社会主义初级阶段理论和党的基本路线②社会主义根本任务和发展战略理论③社会主义改革开放和市场经济理论④"两手抓，两手都要硬"⑤"一国两制"与祖国统一⑥中国特色社会主义外交和国际战略⑦党的建设理论等
		3. 邓小平理论的历史地位	邓小平理论的历史地位

续表

项目	任务	细目	知识要点
项目8 "三个代表"重要思想	第七章 "三个代表"重要思想	1. "三个代表"重要思想的核心观点	"三个代表"重要思想的核心观点
		2. "三个代表"重要思想的主要内容	"三个代表"重要思想的主要内容
		3. "三个代表"重要思想的历史地位	"三个代表"重要思想的历史地位
项目9　科学发展观	第八章 科学发展观	1. 科学发展观的科学内涵	科学发展观的科学内涵
		2. 科学发展观的主要内容	科学发展观的主要内容
		3. 科学发展观的历史地位	科学发展观的历史地位

(二)"概论课"混合式教学设计

为确保知识、能力与素质目标的全面达成，本教学过程设计以人才培养目标为核心指引，明确规划各阶段的教学活动。在教学设计与考核环节中，我们秉持"以学生为中心"的原则，深入考量高职院校学生间的个体差异与风格，实现个性化教学，切实关注学生的个性化成长与发展。具体教学组织与实施分为线上教学、线下课堂教学与课后拓展三大环节。通过构建课程内容、组织与实施紧密对应关系，我们将培养要求逐一融入"概论课"的混合式教学中，以逐步提升学生的综合素质，助力其全面发展，具体如图4-3所示。

每次课前，教师均会在线上教学平台上传教学资源，这些资源经由教学团队共同参与建设完成，从而构建涵盖文字、音频、视频等多种形式的教育教学资源库。结合本课的特性，资源建设强调理论与实际的紧密结合。同时，教师会发布与课程内容相关的社会热点问题讨论，鼓励学生课

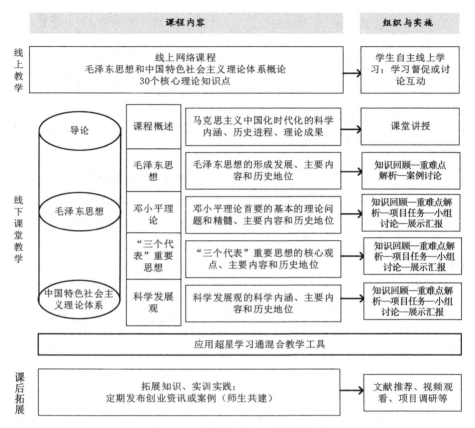

图 4-3 "概论课"混合式教学设计

前积极在线参与，并根据实际情况发表个人观点和看法。通过学生的讨论，教师能够及时了解学生的思想动态，进而针对性地开展教学工作。

　　课堂作为教学的主要场所，教师在课中会依据在线平台大数据所收集整理的学情，引导学生围绕论题进行深入讨论。在讨论过程中，教师会给予实时点评，细致分析、耐心引导，营造出既富有情感又充满趣味和理性的教学环境，以帮助学生更好地理解和掌握知识，从而突破教学重难点。在此过程中，教师会灵活运用多种教学方法，如情境教学法、辩论式教学法、案例分析法等，以激发学生的学习兴趣，并培养他们的实际应用能力。

课后，教师会通过线上布置作业、章节测验、时事报告等形式，实时检验学生的学习效果，并督促其巩固学习成果。同时，教师还将提供在线答疑服务，与学生互动交流，及时解答他们在学习过程中遇到的问题。此外，实践教学作为思政课的重要组成部分，教师应充分利用多样化的校内实践活动(如观看红色经典影视作品、举办"党史故事"报告会、开展思政专业社团活动等)，以提升思政课程的教学质量和效果。

(三)"概论课"考核评价

混合式教学评价着重于过程性动态数据的追踪与分析，此举旨在突破传统的以成绩为核心的评价体系。在高职院校思政课程混合式教学活动中，评价指标的设定主要围绕学生学习表现、学习反馈以及教师评价等多元维度进行考量。评价形式采取线上线下相结合的策略，以期实现评价的全面性和准确性。线上学习活动的评价主要依赖于"学习通"平台所记录的学生学习行为数据，通过量化分析这些数据，从访问次数、任务完成情况、提问与讨论参与度以及作业完成情况等维度进行评价。而线下学习评价则由教师和助教共同进行，依据学生课堂参与情况、案例解析能力、小组展示与互评贡献率等维度，将学生的表现转化为具体分数，实现量化评价。

关于学生学习参与度的评价，不仅关注学生在学习行为上的参与度，还考量其情感投入。学习行为的参与度通过学习通平台记录的学习过程性数据进行量化评价，而情感投入则基于学生的课堂表现(如回答问题的积极性与质量、对案例分析的独到观点、小组辩论的清晰流畅性、观点与建议的认同与采纳程度)以及作业(作品)的质量进行综合评价。在思政课程理论知识与学生实际生活有效融合的评价方面，主要依据学生拓展实践成果(作品)的得分以及学习通平台自带的问卷功能所收集的数据进行评价。混合式教学活动评价旨在全面、深入地了解学生在不同学习环境下的学习情况，通过全方位、多角度的评价，更准确地检测学生的学习成效。

"概论课"教学评价和考核均贯彻能力本位的理念。整个考核评价分为形成性评价和终结性评价两大部分。形成性评价包括一般性评价和期中评价两个部分。一般性评价包括考勤、学习态度、团队合作、组织协调能力、语言表达能力、信息处理能力、课堂提问等，主要考核学生在学习过程中的学习态度和相关能力，占总成绩的10%；期中评价主要考核学生分析能力、调研能力、写作能力等，采用阶段性测试的方式，占总成绩的30%；终结性评价对课程知识性目标进行笔试，占总成绩的60%。具体见表4-2。

表4-2 "概论课"考核评价方式

考核分类		考核方式和内容	成绩比例
形成性评价	一般性评价	考勤、学习态度、团队合作、组织协调能力、观察能力、语言表达能力、信息处理能力、课堂提问等	10%
	期中评价	阶段性测试、线上学习及测试等	30%
终结性评价	知识性评价	对课程知识性目标进行笔试	60%

第三节 思政课程混合式教学组织与实施

一、思政课程混合式教学运行

思政课程教学一直面临着学生多、课堂大、学时少、学习成效一般的困境。我们通过在线课程建设，形成"毛泽东思想和中国特色社会主义理论体系概论"线上课程资源平台。移动学习资源的建设是为教学服务的，在构建起课程资源平台后，我们进行了思政课程教学模式创新，从以前单一的课堂讲授，改变为混合式教学。根据本章第二节混合式教学设计，在具体运行过程中分为前期准备、资源应用以及评价反馈三个步骤。

（一）前期准备

前期准备主要是根据思政课程要求对学习对象、学习特点、学习资源状况、学习环境等进行一定了解，并利用课程开发工具设计课程资源，将课程教学大纲、知识点课件、知识点讲解视频等上传到课程移动学习平台。基于"概论课"特点，一些应知的知识点可以制作讲解视频，每个视频根据知识点信息量分为 5~10 分钟，学生可以反复观看，教师也可以选择其他优质课程内容进行链接。

（二）资源应用

资源应用主要是针对移动学习和翻转课堂的应用。思政课程移动学习资源应用为这种新模式提供了一系列的教学支持，包括个人信息设置功能、社交功能、管理功能、数据统计功能等，可用于课前预习、课后复习、课外训练、课程考核等环节。资源应用包括线上资源的学习安排与监督，并进行在线答疑，学生作为课堂的主角，开展探究式、参与式以及合作式学习。在教学新模式中，面授与网络学习以最优的方式结合起来，并发挥各自的优势。

在翻转课堂方面，老师帮助学生不再是传递信息，学生要对自己的学习过程负责，必须控制自己的学习节奏，以积极的方式学习，教师只承担指导者和组织者的角色。

今天，移动互联网给我们提供了更好的学习平台和技术，让我们可以在更广阔的空间分享知识，分享智慧，形成不同的知识结构、思维方式、性格特征，有助于人们以更开阔的角度去认识世界、理解世界和改造世界。

（三）评价反馈

评价反馈是对移动学习和翻转课堂中的表现以及课程知识的整体掌握情况进行考核评价。如对学生的移动学习情况主要关注移动资源的使用以及学习情况，可通过平台本身的在线测试、问题回答、参与讨论、作业提交等进行考评；而对翻转课堂中的表现则以同学互评、参与情况、提交成果等进行评价。

思政课程会要求学生参与课堂讨论以及课下实践，如社会实践调研，教师没法监督学生是否完成，展示区可以要求学生上传活动方案、活动过程记录，形成的调研报告、总结报告等成果及时进行展示，并且形式可以多样，如学生可以做成报纸、电子杂志、小视频、动画、照片集等，这一实践与展示的过程也提高了学生的思想素质和综合能力。

二、思政课程混合式教学运行保障

（一）教学资源不断优化

"概论课"的混合式教学内容必须依托于丰富的教学资源。在理论教学的基础上，课程应充分利用教育部指定的统一教材、经典著作、党的重要文献以及其他重要著述作为支撑。同时，建立远程互动教学基地亦属必要，我们通过与万州区三峡移民纪念馆、开州区刘伯承同志故居等红色教育场馆建立合作关系，将他们的研究人员、解说员及红色文化资源通过网络平台引入课堂，从而增强理论教学的感染力和实效性。

此外，"概论课"教师应精心准备网络音像资料等素材包，并保持定期更新。在教学过程中，应重视对学生学习成果的定量分析与测评，通过评估学生的学习成果，深入了解每位学生的个体差异和学习特点，并据此调整教学设计，实施更为精准的教学策略，以实现课程的持续优化与提升。

通过构建这一持续改进的闭环机制，我们旨在提升思政课程混合式教学模式的教学效果，加强师资队伍的教学能力，打造思想政治领域的"金课"，最终达成高职院校思政课程人才培养的既定目标。

（二）加强混合式教学管理

混合式教学的教学管理设计，旨在应对当前我国高职院校面临的复杂教育环境，即学生数量庞大、专业及课程种类繁多，而培养目标相对单一的现状。通过引入混合式学习平台，我们期望能够协助教师全面把握每位学生的学习动态，进而从根本上提升教学管理工作的质量。

混合式学习平台的教学管理设计涵盖多个方面，包括课程管理、视频录入管理、学习组织管理、试题库建设以及讨论区维护等。教师和教育管理者可依托该平台，实时查看学生的学习进度，准确掌握学习状态，并对学习效果进行动态评价。此举在强化教师主导作用的同时，也极大地激发了学生学习的主动性和积极性。

混合式教学平台实现了不同学习类型组织——教学团队、学习小组、班级等的深度融合，有效促进了教师与学生、学生与学生、教学团队与班级之间的知识交流与共享。这不仅丰富了教育资源，还显著提升了教学效率和教学质量，为提升学校整体育人水平奠定了坚实基础。

（三）提高思政课程教师的混合式教学水平

在数字化时代，混合式教学已成为教育领域的一大趋势。对于思政课程教师而言，掌握并熟练运用混合式教学技术，不仅能够有效提升教学质量，还能更好地满足学生的学习需求。

思政课程教师需要不断更新教学理念，认识到混合式教学的重要性。混合式教学不仅是将传统教学与在线教学简单结合，更是一种全新的教学模式，它强调学生的主体性和参与性，注重培养学生的自主学习能力和创新思维。

思政课程教师应积极学习并掌握相关的技术工具。例如，教师可以通过学习使用在线教育平台、视频编辑软件、互动工具等，来丰富教学手段，提高教学效果。同时，教师还应关注新兴技术的发展，如人工智能、大数据等，将其应用于教学之中，为思政课程注入新的活力。

思政课程教师还应加强团队合作与交流。混合式教学的实施需要教师之间密切协作，共同设计教学方案，分享教学资源，交流教学经验。通过团队合作与交流，教师可以相互学习、相互借鉴，共同提高混合式教学水平。

提高思政课程教师的混合式教学水平是一项长期而艰巨的任务。教师只有不断更新教学理念、掌握相关技术工具、加强团队合作与交流，才能真正实现混合式教学在思政课程教学中的作用。

三、混合式教学实施的效果分析

2022—2023 学年第 1 学期，笔者为自己所担任的部分班级设计并实施了"概论课"混合式教学模式。同时，笔者还教授了同类专业另外两个行政班的该课程。在此，笔者各选取了 1 个班，作为实验班和对照班来分析混合式教学模式的教学效果。

（一）实验设计

本研究选取了两组学生作为研究对象，对所讲授的"概论课"分别采用了混合式教学模式和传统讲授教学模式。在实验过程中，我们收集了这两组学生的相关数据，并运用 SPSS25.0 软件对这些数据进行了详细的分析，以比较两种教学模式之间的差异。

实验以一个学期(共 16 周)为教学周期。对照班基本以教师讲授为主，在课堂教学设计中也采用了提问、项目任务等形式；实验班以混合式教学为主，学生在每个章节学习前，需提前完成线上资源学习(包括视频、测试、讨论、案例等)，线下课堂以翻转课堂为主，课堂有案例讨论、学生项目任务展示、知识回顾等形式，学生课堂参与度高。

（二）实验效果分析

1. 混合式教学效果调研

课程结束时，我们对实验班发放了问卷，全班 52 名学生，回收问卷 50 份，回收率 96% 以上。问卷就学生目标达成度、学习投入、教学设计、能力提升、学习体验、学习满意度以及对混合式教学的改进建议等方面进行了调研。

经过对课外学习时间的深入调研，我们发现学生在课堂外平均每周投入 60~100 分钟进行学习，这与课堂内的学习时间(80 分钟)基本持平，呈现出接近 1∶1 的比例。相较传统教学模式下课堂内外学习时间比(0.3∶1，基于笔者教授的传统班级数据)，这一比例有了显著的增长。这一数据充分表明，在混合式教学模式下，学生需要投入更多时间进行自主学习和合作探究，这与该模式致力于培养学生学习能力的目标高度契合。

为了进一步优化教学模式，我们计划在未来的教学实践中逐步减少课堂教学课时，为学生创造更多空间进行自主探究学习。同时，我们注意到每周课后的复习时间有所减少，这反映出学生在经历在线学习和课堂讨论后，已较好地掌握了学习内容，能够较为轻松地完成作业。

在学习效果方面，统计数据显示，84%的学生通过课前在线学习能够掌握超过60%的学习内容，这充分证明了在线视频学习的难度设置适中，为课堂探究学习的有效进行提供了坚实基础。此外，94%的学生反映，课前自测题目的推送使得教学目标更为明确，有助于他们识别知识盲区，进而调整学习进度，改进学习方法，从而显著提升了自主学习的效率。

另外，90%以上的学生认为课堂讲授与课前预习的衔接度良好，课堂听课效果相较于传统课堂有了显著提升。他们表示，通过大班讲授后能够掌握绝大部分的学习内容，这进一步证实了大班讲授模式能够有效解答学生的课前疑惑。

此外，84%的学生认为线上讨论的准备更为充分，思维更为活跃，讨论内容也更为深入。这一结果充分展示了线上讨论在培养学生个体理性判断能力方面的积极作用，为学生的全面发展提供了有力支持。

2. 受欢迎程度对比

作为一种创新的学习方式，混合式教学无疑在大学生群体中获得了广泛认可。经过对参与实验学生的深入访谈，我们得出结论：高达90%的学生对混合式教学表示赞赏，他们认为这种教学方式能够显著拓宽学习视野，激发学习兴趣，并有效提升学习的积极性和主动性。然而，我们也注意到，88%的学生反映，在相同课程的学习中，混合式教学相较传统课堂教学，所花费的时间更多。此外，78%的学生反馈混合式教学对提高他们的学习成绩具有显著作用，并表达了学校应增设更多混合式教学课程的期望。

3. 学习成效对比分析

为了深入探究混合式教学与传统教学在教学效果方面的差异，本研究把对照班和实验班进行对比分析，并对期末成绩进行了详尽的对比分析，分析结果见表4-3。数据表明，相较于传统教学模式，混合式教学学生的平均分提高了4.1分，且标准差有所减小(减少1.18)，这反映出混合式教学下的学生成绩分布更为均衡，成绩两极分化的现象得到了一定程度的缓解。

表 4-3　混合式教学与传统教学学生期末成绩统计量

班级	个案数	平均值	标准偏差	标准误差平均值
混合式教学	52	76.9423	6.95761	0.96485
传统讲学	50	72.8400	8.13749	1.15082

　　我们采用SPSS25.0软件对实验组和对照组两组的成绩进行了独立样本t检验。经过验证，两组样本数据均呈现正态分布特性。根据输出结果（表4-4），首先通过F检验，我们得到的概率为0.288，这一数值明显大于显著性水平0.05，因此无法拒绝原假设，进一步地，通过t检验的结果分析，我们观察到概率值同样小于显著性水平0.05。综上所述，根据对成绩的t检验结果，我们可以得出结论：在本次实验中，混合式教学模式对学生的成绩产生了显著影响。

表 4-4　独立样本 t 检验

		莱文方差等同性检验		平均值等同性 t 检验					
		F	显著性	t	自由度	Sig.（双尾）	平均值差值	标准误差差值	差值99%置信区间
									下限
成绩	假定等方差	1.141	0.288	2.740	100	0.007	4.102	1.497	0.171
成绩	不假定等方差			2.732	96.355	0.007	4.102	1.502	0.156

注：差值99%置信区间上限——假定等方差：8.034；不假定等方差：8.049

　　经过深入研究，我们得出结论：尽管混合式教学并非尽善尽美，但其创新之处在于突破了传统课堂以教师为主导的教学模式。在此模式下，学生不再是被动的听众，而是借助线上资源自主掌握学习进度。对于难以理解的知识点，学生可以通过反复观看视频加深理解；如遇疑惑，也可利用在线交流平台寻求解答。同样地，教师的角色也发生了转变。他们不再是单纯的知识灌输者，而成为知识的梳理者和学习引导者。在混合式教学中，教师展现出对知识体系更强的驾驭能力，并具备了从宏观角度把握整个课程框架的知识基础。此外，混合式教学中的课堂学习部分被视为知识内化的关键过程。教师通过提问、答疑的方式与学生进行互动交流，进一步促进学生对知识的理解和吸收。

从调查问卷和学习数据分析结果来看，混合式教学有助于培养学生自主学习能力，在提高学习成绩方面起到了积极作用，这进一步论证了此种教学模式的可行性，值得继续探索与推广。

下一章我们将进一步深入调研，分析思政课程混合式教学情况、思政课程混合式教学影响因素以及构建思政课程混合式教学实效性评价体系，并对思政课程混合式教学对学生成效的影响进行分析。

第五章　高职院校思政课程混合式教学实效性调研

高职院校混合式教学设计和实施后，我们需要了解其对学生的影响，了解其教学实效性如何，为此，我们从高职院校思政课程混合式教学实效性影响因素的质性研究、评价体系构建等方面进行了系统研究。

第一节　高职院校混合式教学实效性影响因素

为深入了解高职院校思政课程混合式教学实效性的影响因素，我们先采用质性研究方法，主要考虑到无论是思政课程混合式教学还是学生对思政课程学习效果的影响因素都很多，所以不宜直接采用量化研究。

一、研究问题与研究方法选择

质性研究是一种重要的社会科学研究方法，它在众多领域中发挥着关键作用，主要用于解决那些无法通过量化研究完全解答的问题。这种方法侧重于深入理解和解释现象背后的意义、价值观、信仰和动机等复杂因素，为我们提供了更丰富、更全面的视角。

首先，质性研究在解决社会现象背后的深层次原因方面发挥着不可替代的作用。例如，在教育领域，研究者可能希望通过质性研究来探索学生的学习动机、教师的教学策略以及学校文化对学生成长的影响等。通过深入访谈、观察、文本分析等方法，研究者能够揭示出隐藏在表面现象之下的深层结构和意义，进而为教育改革提供有力的理论支持和实践指导。

其次，质性研究在解决复杂社会问题时，能够提供更为细致的描绘和深入的剖析。比如，在研究贫困问题时，质性研究可以帮助我们了解贫困群体的生活状态、心理体验、社会支持网络等方面的具体情况。通过深入了解贫困群体的真实生活，我们可以发现贫困问题的根源，提出更为有效的解决策略。

最后，质性研究还可以为政策制定者提供重要的参考依据。政策制定者需要了解不同利益相关者的需求和期望，以便制定出更加符合实际情况和具有可操作性的政策。通过质性研究，政策制定者可以深入了解社会各阶层的意见和看法，为政策制定提供有力的支撑。

在实施质性研究时，研究者需要掌握一定的技能和知识。研究者需要具备良好的沟通能力和人际交往能力，以便与研究对象建立良好的关系，获取真实可靠的信息。同时，研究者还需要具备扎实的理论素养和分析能力，以便对收集到的数据进行深入的分析和解读。

总之，质性研究在解决社会现象背后的深层次原因、描绘复杂社会问题以及为政策制定提供参考等方面发挥着重要作用。它不仅能够揭示现象背后的真实情况，还能为决策者提供有力的支持和指导。因此，我们应该重视质性研究在社会科学领域的应用和发展，充分发挥其在解决社会问题方面的独特优势。

二、研究设计

（一）研究方法

本研究利用扎根理论研究法来分析高职院校混合式教学实效性影响因素。扎根理论研究法是哥伦比亚大学的格拉斯和施特劳斯共同总结提出的一种研究方法，属于定性研究。扎根理论研究法拥有一套规范化的程序，针对某一社会现象，对所收集的原始资料进行系统分析，然后按照开放性编码、主轴编码、选择性编码三个编码过程，最终归纳式地引导出扎根理论。扎根理论研究法作为一种定性研究方法，一般不会在研究初期提出理

论假设，而是从所收集的原始资料中归纳总结出概念和范畴，然后再上升
到系统的理论。

（二）资料收集

质性资料的收集一般采用访谈法、原始资料分析法等，由研究者对所
要研究的现象或问题进行全面而深入的分析，同时多方面获取各种资料。
一般而言，扎根理论研究法需要研究者对自身所收集的一手资料进行分析
整理，然后构建模型。其中，一手资料可以包含视频、图片、文本等多种
类型的文件。

访谈法是扎根理论研究法获取数据的一个主要方式，采用一对一访
谈的形式进行一手资料的收集。考虑到受访者需要对访谈主题有一定的
理解和认识，且与访谈主题息息相关，本研究受访者主要在采用混合式
教学的思政课程教师、进行过混合式教学的学生两类人群中选取，然后
再针对这两类人群分别设定访谈内容，进行数据收集。针对混合式教学
的思政课程教师的访谈每次时长设定在 20~30 分钟，针对进行过混合式
教学的学生的访谈每次时长设定在 15~20 分钟。主要访谈对象为 6 名混
合式教学的思政课程教师和 14 名经历过混合式教学的学生。共计获得访
谈资料 20 份，对这些原始资料进行整理，得到与本研究相关的数据 102
条。访谈样本量要遵循理论饱和原则，即直到访谈过程中没有新的概念
再出现为止。因此，从两类访谈资料中各随机抽取 5 份作为检验资料。
同时，我们收集了 10 篇关于混合式教学实效性的学术研究论文进行分
析，形成不同角度的质性资料，以完善高职院校思政课程混合式教学实
效性的影响因素的理论体系。访谈问题分别针对思政课程教师和学生展
开，具体访谈提纲详见附录 2《关于高职院校思政课程混合式教学实效性
访谈提纲》。

鉴于目前研究以定量和实证分析为主，使用扎根理论研究法可以更加
全面地提取高职院校混合式教学实效性影响因素。表 5-1 给出了扎根理论
研究法三个编码过程的主要任务。

表 5-1　扎根理论研究法的编码步骤

步骤	主　要　任　务
开放性编码	对从资料中获取的数据进行编码和标签，创建、提炼尽可能多的概念范畴来组织、匹配经验数据
主轴编码	找到核心概念，实现访谈数据与概念之间的连接与匹配
选择性编码	整合并精炼分类，将研究发现以理论的形式呈现出来

（三）资料处理

在深入对 20 位受访者进行详尽的访谈后，我们累计收集到超过 102 句具有显著价值的访谈内容。为了保障分析的有效性和效率，我们采取了以下策略：随机选取了访谈记录的 3/4 进行编码分析和模型构建；剩余的 1/4 则用于理论饱和度的验证。在编码分析过程中，我们主要依赖一位研究者进行基础编码、范畴及概念的提炼，该研究者需以现有的污名理论概念为基础，对资料进行深入分析。随后，由研究团队中的其他成员进行理论饱和度的检验，并就编码、范畴及概念的替代性进行必要的比较和筛选，以确保研究结论在团队内部达到一致。

在扎根分析流程上，在明确研究问题后，通过文献回顾提炼出核心理论，并以此为基础对调研材料进行三级编码处理，进而逐步推导出新的理论命题。具体来说，这三级编码分别为：一级编码(开放性编码)，涉及对访谈素材的逐句拆解、整理和分析，提取高频词并归类至相应的概念类别；二级编码(主轴编码)，侧重于挖掘不同范畴间的潜在逻辑联系，根据范畴间的关系和逻辑顺序进行归类，并在这一过程中发展出主范畴和副范畴；三级编码(选择性编码)，其是对前述概念进行整合，初步构建出影响高职院校思政课程混合式教学的理论模型。在整个分析过程中，我们始终坚持持续比较的思路，不断对原始材料进行重新解读和提炼，以支持理论框架的构建、修正和完善。

三、资料编码与分析

(一)开放式编码

首先,在资料录入阶段,研究者需基于资料内容提出一系列具体且相互关联的问题,同时须铭记初始研究目标,并预留足够的空白区域以捕捉未预见之目标。在此过程中,研究者应遵循一项核心原则,即对所有资料持既信任又审慎的态度。在一级编码阶段,我们将收集的素材通过抽象化手法提炼为概念,并进行频次统计。对于出现频次较高的概念(至少出现两次)以及虽仅出现一次但具备重要性的内容,我们均予以保留。此过程涉及对素材的细致分解、深入比较与概念化,旨在进一步挖掘和确立研究的核心范畴。为确保研究的客观性和公正性,我们在编码过程中尽可能采用原始素材中的原词原句作为概念与范畴的命名依据;对于难以直接概括的表述,我们则参考相关文献资料中的专业名词进行替代。

其次,对全部内容实施细致的比较和辨析,从原始访谈资料中提炼初始概念。进而,提取关于高职院校思政课程混合式教学实效性影响因素的关键语句和结论,并予以概念化。为确保编码的准确性,应优先采用被采访者的原始语句,通过对按比例随机抽取的 15 个样本(2 个教师,13 个学生)的初步整理与分析,共获得 102 个原始语句及对应概念。随后,经过深入分析,发现部分概念存在交叉现象,遂对重复概念进行整合与再编码,最终整理成76 个原始语句,形成 28 个概念及 8 个范畴。具体详情参见表 5-2。

表 5-2 开放式编码结果

原始访谈资料	编码过程	
	概念化	范畴化
"无论哪种教学形式,都要服务学生的成长,混合式教学能更好地帮助学生,我们才采用。""思政课程老师都会为我们考虑,现在混合式教学可以帮助我们更好地学习。"	以学生为中心	教学态度

原始访谈资料	编码过程	
	概念化	范畴化
"混合式教学要想取得好的效果，更需要老师提前认真备课、认真设计。""我们的思政课程，像毛概课，老师会提前发布相关任务，也会把学习安排提前告诉我们。"	认真进行教学设计	
"学生在进行混合式学习时，经常有很多疑问，有些是学习内容，有些是学习方法，我们要随时通过（超星）学习通关注学生学习。""在平台上问老师问题，老师一般很快都回复了。""混合式教学是线上线下相结合的教学，我们要重新设计课程，学生线上学习知识，线下要进行回顾与应用。""线上学生学的，如果线下不提问或者检测，学生容易浑水摸鱼。"	全程参与指导	
"我们思政课程每节课都有教学目标，都要根据教学目标授课。""思政课程的目标就是要为国家培养合格建设者和可靠接班人。""思政课程是立德树人的关键课程。"	目标明确	教学设计
"我们学校的思政课程，尤其是毛概，线上资源有视频、课件和其他资料。老师讲得也挺好的。""线上课程资源挺丰富的，很容易查到，老师也会随时更新资料。""课程网站上有很多资料，有案例、视频、书籍等。""有时老师也会通过学习委员给我们发一些学习资料。""网上的内容比较丰富，一般是根据近期发生的时事组织起来的材料。"	资源丰富	
"现在思政课程混合式教学，成绩很多都是有电子记录的，做不了假的。""我们现在考核不仅仅是期末考核，很大一部分是平时成绩，也就是过程性考核。""现在不是期末一考就决定分数了，很多都是平时学习的。""线上成绩占一部分，考核学生自主学习，线下成绩占一部分，考核学生平时成绩，项目任务占一部分，考核学生知识应用。""现在思政课程考核不仅仅是线上和线下，还有团队任务项目式的考核。""既考核学习情况，也考核应用与操作。"	考核多元	

原始访谈资料	编码过程	
	概念化	范畴化
"现在教材都是统一的,内容更新很快,我们使用的都是2023版(最新)的教材。""现在思政课程的内容基本上都是统一的,很多专家一起定的。""内容上不是很难,道理一步一步讲得很明白。""老师一讲我们就懂了。""以前很多不理解的,学了后也懂了。"	内容科学	
"我们毛概课用超星学习通,老师可以直接把我们拉到班级群里,我们在(超星学习通)上就能相互看到了。""我们可以通过超星学习通直接学习线上课程。"	操作简单	感知易用性
"现在进行网络学习,基本上都不用老师指导。""各平台都有操作指南,很容易学会。"	容易上手	
"如果有网络保证可以随时下载或是复习,还是挺方便的。""线上平台都可以轻松使用。"	轻松使用	
"思政课程线上平台无论是学银在线还是其他平台都容易使用,没什么压力和负担。"	无负担	
"混合式教学每时每刻都能得到老师提供的有帮助的知识或信息,还是比较有效率的,如果单听老师讲效率也不是很高。""课上听不懂的课下还可以到网络课程上听一下。"	有效学习	感知有用性
"课堂时长有限,老师讲的毕竟有限,在网络上提前预习一下,学起来更顺手。""有些可以在课下准备好,课堂直接展示就行了。"	提高效率	
"线上学了,老师再线下提醒一下,更容易听懂。""感觉比以前学习起来效果好,应该成绩会高些。"	提高成绩	
"传道授业解惑,感觉混合式教学可以帮助我解惑也能学到新知识。""感觉思政课程混合式教学能使我各方面都得到提高。"	满足需求	

续表

原始访谈资料	编码过程	
	概念化	范畴化
"我比较关心国家大事,想知道国家为什么发展得这么好,这么快,思政课程上老师应该会讲。""现在看新闻,有很多困惑,很多都不懂,想通过学习弄懂弄透。""想了解我国发展和其他国家有什么不同,希望通过思政课程进行学习指导。"	获取知识	学习动机
"思政课程应该能让我更好地了解国家发展,从而更好地制定职业规划。""思政课程混合式教学应该能帮我提升各方面素质,更加爱国,更好地做好本职工作。"	能力提升	
"如果我线上学了,在课堂上就能回答出老师的问题,其他同学都很羡慕。""思政课程是立德树人的关键课程。""思政课程学得好,大家会认为你这个人素质比较高。"	认同评价	
"因为线上学了,对知识有所了解,回答问题都积极了不少。""以前经常是我们提个问题,下面一片寂静,现在好很多了。""如果线上没学,线下上课的时候学生就会比较紧张,怕被老师批评。"	教师表扬	
"我使用手机和计算机的水平挺高的,可以制作些视频和处理图片。""现在的互联网发展速度很快,我能跟上形势发展,能熟练应用。"	技术水平	学习背景
"我们学校有很多课程都是混合式教学,我们班这学期就有3门课是混合式教学。""一进大学就开始接触混合式教学,现在已经学了好几门课了。"	混合式学习	
"疫情期间我们就通过网络学习了。""我们现在好几门课都要求进行网络学习。""我自己都选修了好几门网络课程。"	网络学习	

135

续表

原始访谈资料	编码过程	
	概念化	范畴化
"现在无论是手机还是电脑上网都很方便，全校都有 WIFI。""一般我们上课用流量也可以，很方便的。""我有两个手机，3张卡，移动不行换联通。""只要想学，在哪里都可以上网学。"	上网方便	网络氛围
"网速很快，好像学校里面就有站点。""网速很快的，流量消耗也很快。""网络全覆盖，现在感觉不太卡顿，以前常断网，现在都不存在了。"	网络流畅	
"学校的 WIFI 很便宜，流量也不贵。""我都是流量包月的，无限流量，一个月用不了多少钱。""基本上流量都用不完，用完了也可以再买个流量包。"	费用合理	
"思政课程很重要，学校在对待思政课程混合式教学上很支持。""感觉学校会支持。""学校对混合式教学探索进行了支持。"	政策支持	服务支持
"近几年学校在思政课程建设和教学改革上加大了经费投入。""有钱了混合式教学才能进行。"	经费投入	
"学校引入超星学习通。""我们学校可以用云班课、雨课堂、超星等很多平台进行线上学习。"	平台支持	

（二）主轴编码

本阶段的核心目标为进一步细化并提炼主范畴，旨在确立并构建主范畴、范畴与概念间的多维度联系，精确识别主范畴和范畴，同时对主范畴进行深层次的解析。在此过程中，我们需围绕主范畴探寻相关关联，以精准把握研究的核心要素。

在主轴编码阶段，我们将对开放式编码阶段所得的 28 个概念进行深入剖析、系统整理与综合归纳。通过对比分析同级概念间的内在关联，我们将独立的概念进行有机联结，再次进行归纳与整合，从而明确区分出主范畴和范畴。在此阶段，8个范畴化的概念被凝练成4个主范畴，具体包括教师因素、体验因素、学生因素以及环境因素。关于范畴与主范畴之间的逻辑关系以及各范畴的具体内涵，详见表5-3。

表5-3　主轴编码结果

主范畴	范畴	范畴内涵
教师因素	教学态度	思政课程教师采用混合式教学所秉持的理念和做法
	教学设计	思政课程教师在混合式教学中的做法
体验因素	感知易用性	学生在混合式教学中对平台使用的难易程度的感知
	感知有用性	学生在混合式教学中对提高效率和成绩的有用性感知
学生因素	学习背景	混合式教学中学生掌握的信息技术与混合式教学的熟悉情况
	学习动机	思政课程混合式教学中学生学习的动机
环境因素	网络氛围	混合式教学中的网络使用便利性情况
	服务支持	思政课程混合式教学的学校政策、经费和平台支持

（三）选择性编码

选择性编码，亦被称为核心编码，其核心工作在于从既定的主范畴中深入发掘并提炼出核心范畴，同时揭示范畴、主范畴与核心范畴之间的内在联系，以此为基础构建模型架构。经过对主范畴的系统归纳与抽象提炼，我们确定了高职院校思政课程混合式教学实效性影响因素这一核心范畴，进而识别出对高职院校思政课程混合式教学实效性具有显著影响的四大要素，包括教师因素、体验因素、学生因素以及环境因素。在历经开放式编码、主轴编码以及选择性编码这三个层次的精细编码过程后，我们根据各范畴间的逻辑关系，成功地构建出高职院校思政课程混合式教学实效性影响因素模型。详细模型结构见图5-1。

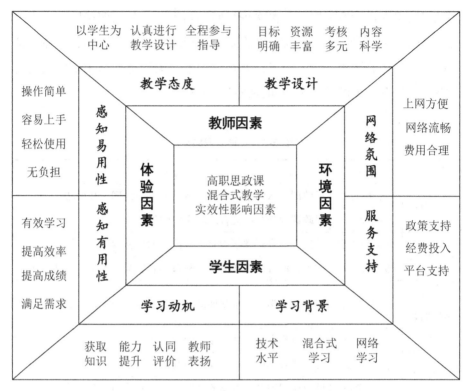

图 5-1 高职院校思政课程混合式教学实效性影响因素模型

(四) 理论饱和度检验

理论饱和度检验是确保扎根理论研究法所得结果全面与完整的重要步骤,同时也是判断原始资料收集与分析是否可以终止的关键依据。当资料分析过程中无法再揭示新的范畴或概念时,即表明已达到饱和状态,此时可终止对原始资料的进一步分析。本研究对 16 份访谈资料进行了基于扎根理论研究法的编码分析,并运用预留的 4 份数据资料进行了理论饱和度检验与整理分析。经分析,所得结果与先前构建的高职院校思政课程混合式教学实效性影响因素模型所揭示的关系和内容高度一致,未发现模型之外的新概念或范畴。由此可以看出,所建立的模型在理论上是达到饱和程度的。

四、模型阐述与研究发现

经过深入访谈和严谨的扎根理论分析，我们构建了高职院校思政课程混合式教学实效性影响因素模型。该模型主要由 4 大核心范畴构成，即教师因素、体验因素、学生因素以及环境因素。进一步细化后，我们识别出 8 个主范畴，分别是教学态度、教学设计、感知易用性、感知有用性、学习背景、学习动机、网络氛围和服务支持。而在这些主范畴之下，我们又细分为 28 个具体范畴。在深入研究高职院校思政课程混合式教学实效性影响因素的基础上，为有效运用这些影响因素以增强思政课程混合式教学的实际效果，我们将详细解释模型中各个部分和要素的具体含义及其所发挥的关键作用，并进一步阐述模型，探寻思政课程混合式教学实效性影响因素的作用机理。

(一) 教师因素

在高职院校思政课程的混合式教学模式中，教师因素显然是核心中的核心，其影响力无可比拟。教师不仅决定了混合式教学的方向和目标，也影响着教学过程的组织与管理，这些都是影响混合式教学实效性的关键所在。教师的教学理念，他们对混合式教学的认同和应用程度，以及他们如何将这种教学模式与传统的教学方法相结合，都会直接影响到教学的最终效果。要提高思政课程的教学质量，首要任务就是加强教师队伍建设。"办好思政课程，关键在教师。"这就要求我们必须重视思政课程教师的选拔和培养，努力打造一支既具有坚定的政治立场，又充满教育热情；既思维活跃，又视野开阔；既自律严谨，又人格高尚的思政课程教师队伍。"传道者自己首先要明道、信道。高校教师要坚持教育者先受教育，努力成为先进思想文化的传播者、党执政的坚定支持者，更好担起学生健康成长指导者和引路人的责任。要加强师德师风建设，坚持教书和育人相统一，坚持言传和身教相统一，坚持潜心问道和关注社会相统一，坚持学术自由和学术规范相统一，引导广大教师以德立身、以德立学、以德施教。"[①]这

---

① 习近平谈治国理论(第二卷)[M]. 外文出版社，2017：379.

样的教师队伍，才能真正承担起培养社会主义建设者和接班人的重要任务，为我国的未来发展贡献自己的力量。

1. 教学态度

教师的教学态度对他们的教学热情和投入程度有着直接的影响，这种影响在一定程度上决定了教学效果的优劣。教师的教学态度是指他们在教学过程中的情感、态度和行为，这包括他们对教育事业的认识、对学生的关爱、对教学内容的理解和掌握程度以及对教学工作的热情和投入程度。这些因素都会影响到教师的教学效果，进而影响到学生的学习效果。因此，提高教师的教学质量，需要从提高教师的教学态度入手，培养他们对教育事业的热爱，对学生的关爱，对教学内容的理解和掌握程度以及对教学工作的热情和投入程度。

2. 教学设计

教师的教学设计能力是评估教学成果实际效果的一个关键性标准，这一点在教育实践中尤为重要。一位具备卓越教学设计能力的教师，能够通过精心策划的教学内容和活动，有效激发学生的学习热情和兴趣，从而在课堂上营造出积极向上的学习氛围。这种积极的学习氛围不仅有助于学生更深入、更主动地参与学习过程中，还能提高他们独立思考和合作交流的能力，进而显著提升整体的教学质量和效果。因此，提升教师的教学设计能力，对于提高整个教育系统的实效性，具有不言而喻的重要意义。

因此，在思政课程混合式教学过程中，我们应重视教师的作用，关注他们的教学态度和教学设计，才能有效提高教学实效性。

（二）体验因素

在深入探讨思政课程混合式教学实效性的影响因素时，我们可以发现，其中感知易用性和感知有用性发挥着至关重要的作用。这两大因素不仅直接影响着学生对混合式教学模式的接受程度，也在很大程度上决定了教学效果的优劣。

1. 感知易用性

感知易用性指的是学生对混合式教学模式的操作便捷性、学习界面友好性的主观感受。当学生在使用混合式教学平台时，如果他们感到界面直观、操作简便，能够轻松地找到所需的学习资源和功能，那么他们的感知易用性就会较高。这样的体验能够降低学生在学习过程中的心理障碍，提高他们的学习积极性和参与度。反之，他们可能会对混合式教学产生抵触情绪，从而影响教学实效性。

2. 感知有用性

感知有用性涉及学生对混合式教学模式能够帮助他们提高学习效果、增强理解力和应用能力的信念。当学生认为混合式教学能够提供丰富的学习资源、灵活的学习时间以及有效的互动交流机会时，他们就会认为这种教学模式是有用的。这种积极的感知有用性能激发学生的学习动力，促使他们更投入地参与混合式教学的各个环节中，从而提高学习成效。反之，如果学生怀疑混合式教学的实际效果，认为它仅仅是一种形式上的创新而无法带来实质性的帮助时，那么他们对混合式教学的接受度就会降低，教学实效性自然也会受到影响。

综上所述，感知易用性和感知有用性是影响思政课程混合式教学实效性的两个关键因素，它们相互交织，共同作用于学生的学习态度和行为。因此，在推广和实施混合式教学时，必须重视这两个方面的优化和改进，以提升学生的学习体验，确保教学模式的实效性。

(三)学生因素

在高职院校思政课程的混合式教学模式中，学生这一关键因素主要涉及两个方面，即学生的学习背景和学习动机。这两个方面对高职院校思政课程混合式教学的实效性起着决定性的作用。

1. 学习背景

学生的学习背景是一个综合性的概念，它包括学生在信息技术领域的知识储备，也就是他们对于计算机、互联网等信息技术的基本理解和掌握程度，还包括他们以往参与混合式教学活动的经验，也就是他们之前在学校或者其他教育机构中参与的将线上和线下教学相结合的课程的学习经历，此外，还包括他们在网络学习环境下的适应能力和互动情况，也就是他们是否能够适应网络学习的环境，以及他们在网络学习过程中与教师和其他同学的互动情况。

这一系列因素将直接作用于学生在思想政治课程中的认知和理解能力。具体来说，他们在信息技术领域的知识储备和经验，将影响他们对于思想政治课程中与信息技术相关的内容的理解和掌握；他们在网络学习环境下的适应能力和互动情况，将影响他们对于思想政治课程中需要进行讨论和交流的部分的理解和掌握。因此，这些因素将决定着他们对课程内容接受和吸收的程度，也就是他们能够理解和掌握课程内容的深度和广度。

2. 学习动机

学生的学习动机是指推动他们在思政课程学习过程中不断前进的内在力量，这种动力来源于多个方面，其中包括对课程本身的浓厚兴趣，对社会主义核心价值观的深刻认同，以及对个人未来发展的美好期望等。这些因素相互作用，共同构成了高职院校思政课程混合式教学的内在动力，它们在教学过程中起到了决定性的作用，决定了教学活动的实际效果。

对于高职院校来说，学生对思政课程的兴趣程度直接影响了他们对课程的学习态度和学习效果。只有学生对思政课程产生了浓厚的兴趣，才能在学习过程中保持积极的心态，从而更好地理解和掌握课程内容。同时，学生对社会主义核心价值观的认同程度也是影响教学效果的重要因素，只有学生对社会主义核心价值观有了深刻的理解和认同，他们才能在实际生活和工作中将这些价值观内化为自己的行为准则，从而实现个人的全面发展。

此外，学生对未来发展的期望也是推动他们在思政课程学习过程中不断努力的重要动力。只有学生对未来的发展有了明确的期望和目标，他们才能在思政课程的学习中找到自己的方向和动力，从而更好地实现自己的梦想和目标。

总的来说，高职院校思政课程的混合式教学需要充分考虑学生的学习动机，通过激发学生的兴趣，提升学生对社会主义核心价值观的认同，以及帮助学生明确个人未来的发展目标，才能提高教学活动的实际效果，实现学生的全面发展。

因此，教师在进行混合式教学设计时，需要充分考虑学生的学习背景和动机，以提高教学的针对性和实效性。

(四) 环境因素

1. 网络氛围

混合式教学，一种将线上教学与传统面对面教学相结合的新型教学模式，其核心要素之一便是网络环境，也就是我们常说的网络氛围。在混合式教学的实施过程中，网络氛围的作用无可替代，它对于教学的顺利进行具有至关重要的作用。网络氛围不仅影响着教师的教学效果，也影响着学生的学习体验。当我们讨论网络氛围时，学生通常会关心几个关键问题，包括网络的便利性、速度以及费用合理性。首先，网络的便利性是混合式教学能够实施的基础，只有网络环境足够便利，学生和教师才能随时随地开展教学活动。其次，网络速度也是学生关注的重点，因为网络速度的快慢直接关系到教学活动的流畅与否。最后，网络费用的合理性也是学生关心的问题，过高的网络费用可能会增加学生的经济负担，影响他们的学习积极性。因此，为了保证混合式教学的顺利进行，我们需要营造一个良好的网络氛围，满足学生对于网络便利性、速度和费用合理性的需求。只有这样，混合式教学才能真正发挥其优势，为学生提供高质量的学习体验。

2. 服务支持

服务支持包括政策引导、经费投入和平台建设，对于思政课程混合式教学实效性的提升具有决定性的作用。政策的支持为混合式教学提供了明确的指导和广阔的发展空间，使教师能够更加坚定地探索和实践新的教学模式。经费的保障则确保了混合式教学能够顺利进行，为其提供了必要的技术和资源支持，如教学平台的维护更新、教学资源的开发等。而优质的平台则是混合式教学的重要载体，它能够提供便捷的教学和管理工具，促进教师与学生、学生与学生之间的互动交流，从而提高教学效果。反之，如果服务支持不足，将严重制约思政课程混合式教学的实效性。政策的缺失可能导致教师在教学过程中缺乏正确的方向和目标，经费的不足可能使教学资源贫乏，平台建设滞后，难以满足教学需求。这不仅会影响教师的教学热情和积极性，也会影响学生的学习体验和效果。因此，要想提高思政课程混合式教学的实效性，就必须给予充分的服务支持，为其提供良好的环境和条件。

五、结 论

本研究同时考虑了教师与学生的双重视角，并结合高职院校思政课程混合式教学的特定情境，调研中我们发现传统的教学模式无法完全与之相适配，因此，我们所构建的影响因素模型在具备普遍适用性的同时，也体现其独特的专有性。我们采用深入的扎根理论研究法，在对高职院校的教师和学生们进行了一系列的访谈之后，基于所获得的丰富数据，构建起了一个关于高职院校思政课程混合式教学实效性影响因素的概念模型。这个模型主要从教师和学生两个不同的视角出发，全面考虑和揭示了影响混合式教学实效性的各种因素。

从教师的视角来看，模型的构建考虑了教师的教学态度和教学设计等因素，这些因素都会直接或间接地影响混合式教学的实施效果。而从学生的视角来看，模型则主要关注了学生的学习动机、学习背景以及感知有用性和感知易用性以及网络氛围等因素，这些因素同样对混合式教学的实效性产生重要的影响。

通过这一概念模型的构建，我们可以更深入地理解和把握高职院校思政课程混合式教学的实施现状和存在的问题，为提升混合式教学的实效性提供理论指导和实践参考。

第二节　高职院校思政课程混合式教学实效性评价指标体系

在质性研究的基础上，我们根据思政课程混合式教学实效性影响因素模型，构建起思政课程混合式教学实效性评价指标体系，并通过专家评价进行层次分析，以期建立科学合理的评价指标体系。

一、研究方法选择

（一）层次分析法

层次分析法（Analytic Hierarchy Process，AHP）在评价指标体系中应用广泛而深入，它以独特的逻辑框架和量化的分析手段，为复杂的决策问题提供了清晰而系统的解决思路。当我们面对多个因素相互交织、影响相互作用的评价指标体系时，AHP 凭借其结构化、层次化的特性，能够帮助我们快速梳理问题，准确把握关键因素，进而做出科学合理的决策。在评价指标体系构建的过程中，AHP 的应用主要体现在以下几个方面。

1. AHP 能够协助我们确定评价指标体系的层次结构

通过将复杂的问题分解为若干个相互关联的子问题，AHP 帮助我们构建了一个层次清晰、逻辑严密的指标体系框架。在这个框架中，各个指标按照其重要性和影响力被分配到不同的层次，形成了一个层次分明的结构体系。

2. AHP 能够帮助我们量化评价指标之间的相对重要性

通过引入专家打分或问卷调查等方式，AHP 将定性的评价转化为定量的数据，使得评价指标之间的比较成为可能。同时，AHP 还利用一系列数学方法，如特征向量法、最小二乘法等，对量化数据进行处理和分析，从而得出各个指标之间的相对权重，为后续的决策分析提供重要依据。

3. AHP 能够帮助我们进行综合评价和决策分析

在确定了评价指标体系的层次结构和各个指标的相对权重之后，AHP

可以进一步对各个指标进行综合评价，得出一个综合性的评价结果。同时，AHP 还可以结合敏感性分析等方法，对评价结果进行深入探讨和分析，帮助我们更加全面地了解问题的本质和影响因素，为制定科学合理的决策提供有力支持。

总之，层次分析法在评价指标体系中的应用具有显著的优势和实用性。它不仅能够协助我们构建层次清晰、逻辑严密的指标体系框架，还能够量化评价指标之间的相对重要性，进行综合评价和决策分析。因此，在实际应用中，我们应该充分发挥 AHP 的优势和作用，为复杂问题的决策提供更加科学、合理的解决方案。

(二) 思政课程混合式教学评价指标体系研究

评价指标体系，作为开展高职院校思政课程实效性评价的核心依据，其设计的科学性与否直接关乎评价结果的成败。目前，对于高职院校思政课程教学实效性或混合式教学实效性评价指标体系的研究，学术界已稳步进行，并取得了一定的积极成果，当然也有一些学者开始探讨如何构建思政课程混合式教学评价体系。乔永忠在采用模糊综合评价法对高校思想政治教育绩效开展评价时，构建了由教育政策执行、教育主体、教育过程、教育信息系统、投入的人和环境 5 个一级指标，机构设置、教育计划的系统性、内在环境和外在环境等 15 个二级指标构成的指标体系。邱正福主张高职院校思政课程实效性评价指标应包括对教学主客体、教学过程、教学实施、教学效果等维度的评价。屠丽妍也设计出由思想素质、政治素质、道德素质、心理素质和法律素质 5 个一级指标，17 个二级指标构成的评价指标体系。混合式教学模式作为一种新的学习范式，如何科学高效、客观准确评价其实效性成为高等教育工作亟待解决的问题。目前已有大量文献探究高等教育中的混合式教学质量相关问题，如杨力从教师因素、学生因素、教学系统因素 3 个层面对高校混合式教学质量影响因素进行理论分析；解筱杉等认为高校混合式教学质量影响因素受教师、学生、教学支持系统、教学效果和评价 4 个方面影响；李海东等从课程建设、教学实施、教学效果评价的全过程视角提出混合式教学质量评价流程模型、指标体系与方法等。但是目前尚未形成公认的混合式教学质量影响因素理论体系，对高职院校思政课程混合式教学实效性评价指标体系构建研究在知网上也无法查询到相关信息。

二、思政课程混合式教学实效性评价指标体系构建

本研究在确定思政课程混合式教学实效性评价指标体系的各指标权重时采用层次分析法，以确保各评价指标所得的权重系数科学准确。使用层次分析法计算指标权重时，共有四个步骤，分别是建立层次结构模型、构建判断矩阵、层次排序及其一致性检验和层次总排序及其一致性检验。

（一）建立层次结构模型

在由扎根理论形成的影响因素模型上，我们形成了 4 个一级指标，8 个二级指标和 28 个三级指标，相当于确定了思政课程混合式教学实效性评价指标体系。

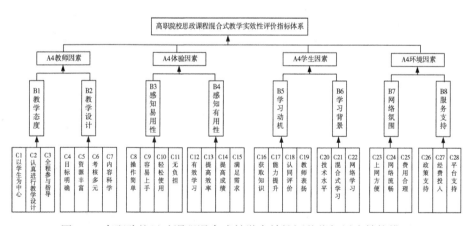

图 5-2　高职院校思政课程混合式教学实效性评价指标层次结构模型

（二）构建判断矩阵

判断矩阵旨在明确展示本层所有因素与上一层某一因素之间的相对重

要性对比。以结构模型的中层 A1（教师因素）为例，A1 对下层因素 B1（教学态度）和 B2（教学设计）均存在支配关系，因此，将这两个因素置于 A1 层之下。随后，根据 B1 和 B2 相对于中层 A1（教师因素）的重要程度，分别赋予它们相应的权重值 $C_{ij}(i, j=1, 2)$。类似地，B1（教学态度）对下一层因素 C1（以学生为中心）、C2（认真进行教学设计）和 C3（全程参与指导）同样具备支配关系，故将这三个因素置于 B1 层之下。然后，基于 C1、C2 和 C3 对于中层第二层 B1（教学态度）的相对重要性，分别赋予它们相应的权重值 $C_{ij}(i, j=1, 2, 3)$。各因素之间通过相互对比，评估第三层因素对中层 A1（教师因素）的相对重要性，从而得出 C_{ij} 的具体数值。判断矩阵遵循 Saaty 提出的 9 级比例标尺，将决策者的偏好判断量化，构建判断矩阵，并运用矩阵理论进行偏好分析，以求得各层级的权重系数。[1]

表 5-4　AHP 评价尺度

重要性级别	含义	说　　明
1	同样重要	两因素比较，具有相同的重要性
3	稍微重要	两个因素比较，前者比后者稍微重要
5	明显重要	两个因素比较，前者比后者明显重要
7	非常重要	两个因素比较，前者比后者非常重要
9	极端重要	两个因素比较，前者比后者极端重要
1/3	稍微不重要	两个因素比较，前者比后者稍微不重要
1/5	明显不重要	两个因素比较，前者比后者明显不重要
1/7	非常不重要	两个因素比较，前者比后者非常不重要
1/9	极端不重要	两因素比较，前者比后者极端不重要

基于 AHP 评价尺度（表 5-4），结合层次分析结构模型（图 5-2），我们

---

① 张炳江. 层次分析法及其应用案例[M]. 电子工业出版社，2014：22-23.

构建了各指标的两两判断矩阵(表5-5)。为了精确量化思政课程混合式教学实效性的评价指标权重,我们设计了专门的问卷,旨在通过该问卷来评判各指标的重要程度,并以此为基础构建以具体数值为比较对象的判断矩阵。这一方法确保了分析结果的科学性和准确性。本次问卷采用纸质形式发放,共邀请了5位思政课程教师及20所高职院校参与,他们均具备开展或参与思政课程混合式教学课程的丰富经验。

表5-5　判断矩阵示例

指标及编号		$j=1$	$j=2$	$j=3$	$j=4$
		教师因素	体验因素	学生因素	环境因素
$i=1$	教师因素	$A_{11}=1$	$A_{12}=$	$A_{13}=$	$A_{14}=$
$i=2$	体验因素		$A_{22}=1$	$A_{23}=$	$A_{24}=$
$i=3$	学生因素			$A_{33}=1$	$A_{34}=$
$i=4$	环境因素				$A_{44}=1$

在问卷收集完毕后,我们按照既定流程将数据精确录入 yaahp10.3 软件系统中。为了确保决策结果的客观性和权威性,我们采取了群决策的方式,并选择平均权重作为专家权重的计算基准。在集结方式上,我们选用了判断矩阵集结法,并应用算术平均计算法进行处理。此外,在录入每位专家的判断矩阵数值时,若发现两两对比存在偏差或错误,我们将对判断矩阵进行细致的核查,并在核查后输入推荐的数值,以确保判断矩阵的一致性和准确性。

(三)层次排序及其一致性检验

经过细致的数据分析,我们针对教师因素、体验因素、学生因素以及环境因素,共计四项内容,构建了四阶判断矩阵,并采用 AHP(计算方法为:和积法)进行了深入研究。研究结果显示,这四项因素的特征向量为(0.831,1.250,1.508,0.411),并且其对应的权重值分别为:20.780%、31.247%、37.699%和10.274%。

表 5-6 一级指标 AHP 层次分析结果

选项	特征向量	权重值	最大特征值	CI 值
教师因素	0.831	20.780%		
体验因素	1.250	31.247%	4.134	0.045
学生因素	1.508	37.699%		
环境因素	0.411	10.274%		

基于上述特征向量，我们进一步计算得出最大特征值为 4.134。随后，利用这一最大特征值，我们计算出了 CI 值(0.045)，其计算公式为：CI = (最大特征值-n)/(n-1)，其中 n 为判断矩阵的阶数。这一 CI 值将用于后续的一致性检验。

本次研究构建了 4 阶判断矩阵，对应表 5-7 可以查询得到随机一致性 RI 值为 0.890，RI 值用于下述一致性检验计算时使用。通常情况下，CR 值越小，则说明判断矩阵一致性越好，一般情况下 CR 值小于 0.1，则判断矩阵满足一致性检验；如果 CR 值大于 0.1，则说明不具有一致性，应该对判断矩阵进行适当调整之后再次进行分析。本次针对 4 阶判断矩阵计算得到 CI 值为 0.045，针对 RI 值查表为 0.890，因此计算得到 CR 值为 0.050，0.050<0.1，意味着本次研究判断矩阵满足一致性检验，计算所得权重具有一致性。由计算结果可知，示例判断矩阵通过一致性检验，所得到的权重值可以作为对思政课程混合式教学实效性评价指标体系的权重。判断矩阵的 CR 值小于 0.1，表明各判断矩阵计算出的权重系数合理，可以确定为最终权重。

表 5-7 一级指标一致性检验结果汇总

最大特征值	CI 值	RI 值	CR 值	一致性检验结果
4.134	0.045	0.890	0.050	通过

利用同样的方法，我们可对二级指标和三级指标进行计算和分析。

(四)层次总排序及其一致性检验

在计算某一层中各指标的组合权重时，需基于上一层单次排序的结果，将上一层元素的组合权重作为权重系数，以此来计算本层对应各元素的加权和。所求得的结果即为该层元素的组合权重，随后将按照此组合权重进行层次总排序。① 具体计算结果详见表 5-8，其中各级指标采用编码方式表示，可参照图 5-2 以识别对应的具体指标项。基于最底层指标对总目标的权重系数分布情况，我们能够确定思政课程混合式教学实效性评价指标体系内各评价指标的重要程度排序。

表 5-8　各指标单层权重和对目标层权重

一级指标	单层权重	二级指标	单层权重	对目标层权重	三级指标	单层权重	对目标层权重	排序
A1 教师因素	0.2078	B1	0.4446	0.0924	C1	0.4445	0.0411	5
					C2	0.4215	0.0389	10
					C3	0.134	0.0124	25
		B2	0.5554	0.1154	C4	0.2445	0.0282	19
					C5	0.2335	0.0269	20
					C6	0.2505	0.0289	18
					C7	0.2615	0.0302	16
A2 体验因素	0.3125	B3	0.5175	0.1617	C8	0.3125	0.0505	4
					C9	0.2243	0.0363	12
					C10	0.2125	0.0344	14
					C11	0.2507	0.0405	8
		B4	0.4825	0.1508	C12	0.1445	0.0218	23
					C13	0.2338	0.0352	13
					C14	0.3502	0.0528	3
					C15	0.2615	0.0394	9

---

① 许娟. 高校混合式教学课程资源评价指标体系研究［D］. 山东师范大学，2018.

续表

一级指标	单层权重	二级指标	单层权重	对目标层权重	三级指标	单层权重	对目标层权重	排序
A3 学生因素	0.377	B5	0.7122	0.2685	C16	0.3251	0.0873	2
					C17	0.4143	0.1112	1
					C18	0.1524	0.0409	7
					C19	0.1082	0.0291	17
		B6	0.2878	0.1085	C20	0.3442	0.0373	11
					C21	0.2217	0.0241	21
					C22	0.4341	0.0471	6
A4 环境因素	0.1027	B7	0.4316	0.0443	C23	0.2442	0.0108	26
					C24	0.2216	0.0098	27
					C25	0.5342	0.0237	22
		B8	0.5684	0.0584	C26	0.5443	0.0318	15
					C27	0.3211	0.0188	24
					C28	0.1346	0.0079	28

　　经过对各级评价指标权重的详尽剖析，我们洞察到在思政课程混合式教学的一级评价指标体系中，A3 学生因素所占的权重异常突出，这一显著特点充分体现了学生在混合式教学模式中扮演的核心角色。学生作为学习的主体，其对教学效果的影响不言而喻。与此相辅相成的是，A2 体验因素也将焦点紧紧锁定在学生这一端，它凸显了学生在混合式教学过程中的体验和感知对于衡量教学成果的重要意义。在进一步对二级评价指标进行分析时，我们注意到在 A1 教师因素中，B2 教学设计的单一层次权重得分最为显著。这一发现揭示了在思政课程混合式教学过程中，教师的教学设计能力对于提升教学质量起到了至关重要的作用，进一步印证了教学设计在混合式教学模式中的核心地位。在 A2 体验要素中，我们观察到 B3 和 B4 的得分相差无几，这表明在学生的体验中，既包括教学过程中的互动和参

与度，也涵盖了教学内容的吸引力和挑战性等多个维度，这些因素共同构成了学生整体体验的重要组成部分。至于 A3 学生因素，B5 学习动机的权重得分最高，这一结果无疑强调了在学习过程中激发学生的学习动机的重要性。学习动机的激发对于提高学生的学习积极性、主动性和创造性具有不可替代的作用，因此，它在思政课程混合式教学中显得尤为关键。在 A4 环境因素方面，尽管两个指标的得分都不是特别高，但 B8 服务支持的得分略高于 B7 网络氛围，这一现象说明在环境因素中，为学生提供及时有效的服务支持对于优化思政课程混合式教学环境，提高教学质量有着相对更大的影响力。网络氛围虽然也重要，但在当前阶段，服务支持情况更受学生的关注和评价。

在所有被定义的三级指标中，针对目标层所赋予的权重，排名前五的依次为 C17（能力提升）、C16（获取知识）、C14（提高成绩）、C8（操作简单）以及 C1（以学生为中心）。这一结果明确指出了在混合式教学评价体系中，这五项指标对于衡量教学质量具有显著的重要性。因此，在评估混合式教学或执行相关教学策略时，评价者需特别关注上述指标所涵盖的内容，以确保评价的全面性和准确性。同时，教师在实施混合式教学时，亦应着重加强这些指标所对应的教学环节，从而推动教学质量的提升，实现高质量的混合式教学。

针对这一现象，我们可以从以下几个方面进行解析。首先，能力提升之所以被赋予较高的权重，是因为在混合式教学中，能力的提升不仅包括对知识的掌握，还包括对技能和素质的培养，这是培养学生综合素质的关键。其次，获取知识是混合式教学的基础，只有让学生有效地获取知识，才能进一步进行能力的提升和成绩的提高。再次，提高成绩虽然是教学的一个重要目标，但它只是混合式教学的副产品，不能过分追求成绩而忽视了学生能力的培养和知识的掌握。操作简单在混合式教学中也具有重要意义，一个好的教学设计可以有效地引导学生的学习活动，提高教学效果。最后，以学生为中心是混合式教学的核心理念，它要求教师在教学过程中始终关注学生的需求和兴趣，充分发挥学生的主动性和创造性。

　　因此，在实施混合式教学时，教师需要充分重视这五个方面，合理分配教学资源和时间，既要注重知识的传授，又要关注学生的能力提升和素质培养，还要注重教学设计和以学生为中心的实现，从而实现高质量的混合式教学。同时，评价者在评估混合式教学时，也要从这五个方面进行全面评价，既要关注学生的学习成绩，又要关注学生的能力提升和素质培养，以及教学设计和以学生为中心的教育理念，以实现对混合式教学的全面、准确的评估。

三、高职院校思政课程混合式教学实效性调研与评价

　　根据学生对评价指标的打分，可得出评价综合分数和各层分数情况，进而进行混合式教学实效性评价，每项评分采用百分制，各评价指标见表5-9。

表 5-9　高职院校思政课程混合式教学实效性评价指标

一级指标	二级指标	三级指标	权重	评分
教师因素	教学态度	在思政课程混合式教学中，我的老师能一直保持以学生为中心	0.0411	
		在思政课程混合式教学中，我的老师在教学设计方面很用心	0.0389	
		在思政课程混合式教学中，我的老师会全程参与教学和伴学	0.0124	
	教学设计	在思政课程混合式教学中课程的活动类型丰富多彩	0.0282	
		在思政课程混合式教学中课程资源丰富	0.0269	
		在思政课程混合式教学中评价形式是多元的	0.0289	
		在思政课程混合式教学中课程内容科学，难度适中	0.0302	

续表

一级指标	二级指标	三级指标	权重	评分
体验因素	感知易用性	我认为思政课程混合式教学是一种容易上手的学习方法	0.0505	
		我认为思政课程混合式教学在线平台的操作是容易的	0.0363	
		我能很轻松地运用思政课程混合式教学进行学习	0.0344	
		我认为思政课程混合式教学不会给我带来过重的负担	0.0405	
	感知有用性	我认为思政课程混合式教学能使我更有效地进行学习	0.0218	
		我认为思政课程混合式教学提高了我的学习效率	0.0352	
		我认为思政课程混合式教学提高了我的学习成绩	0.0528	
		我认为思政课程混合式教学能满足我的学习需求	0.0394	
学生因素	学习动机	思政课程混合式教学能让我获得很多知识	0.0873	
		思政课程混合式教学让我对自己有较高的期望和要求	0.1112	
		在思政课程混合式教学中，老师通常会夸奖学习用功的学生	0.0409	
		在思政课程混合式教学中，我希望知道别人对我学习表现的评价	0.0291	
	学习背景	我的信息技术水平高	0.0373	
		我进行混合式教学的时间长	0.0241	
		我使用混合式教学的教学平台很频繁	0.0471	

续表

一级指标	二级指标	三级指标	权重	评分
环境因素	网络氛围	校园网的流畅度能够保证我进行混合式教学	0.0108	
		混合式教学所产生的校园网费用是我能承担的	0.0098	
		校园网能够满足我随时随地进行混合式教学的需求	0.0237	
	服务支持	学校出台政策支持思政课程混合式教学	0.0318	
		思政课程混合式教学有充足的经费支持	0.0188	
		思政课程混合式教学有较好的平台	0.0079	

根据高职院校思政课程混合式教学实效性评价指标，我们在 2022 级和 2023 级的学生中进行了调研。在 2022 级的学生中，我们针对 136 名学生进行了精准调研，根据这套评价指标体系，学生们给出的评价得分为 86.02 分。而在 2023 级的学生中，我们扩大了调研范围，针对 183 名同学进行了全面的调研，根据同样的评价指标体系，学生们给出的评价得分为 88.61 分。

四、结语

本研究在深入分析和理解扎根理论的基础上，构建了一个影响因素模型，该模型为高职院校思政课程混合式教学实效性评价指标体系提供了理论框架和基础。在此基础上，我们进一步构建了高职院校思政课程混合式教学实效性评价指标体系，该体系涵盖了教师、体验、学生、环境等多个方面，旨在全面、系统地评价高职院校思政课程混合式教学的实效性。

为了确保评价指标体系的科学性和实用性，我们采用了层次分析法对回收的数据进行运算分析。层次分析法是一种定性和定量相结合的决策分析方法，通过构建层次结构模型，将复杂的问题分解为多个层次和因素，然后通过成对比较、权重赋值和一致性检验等步骤，确定各因素在评价体系中的相对重要性。通过层次分析法的运算分析，我们得到了筛选后指标的权重，这有助于我们更加准确、全面地评价高职院校思政课程混合式教学的实效性。权重结果反映了各个指标在评价体系中的重要程度，从而使高职院校思政课程混合式教学实效性评价指标体系的构建更加完善和合理。

另外，在调查研究时，我们选出了影响思政课程混合式教学实效性的4方面8个维度的28个因素，但是影响因素的筛选还不够全面，可能还存在其他因素如学习效果、学习满意度等未被列入情况，后续还将根据教学运行情况等继续进行研究并完善。

本研究通过构建高职院校思政课程混合式教学实效性评价指标体系，并运用层次分析法进行数据运算分析，得到了筛选后指标的权重，使评价体系的构建更加科学、合理和完善，这为高职院校思政课程混合式教学的实践提供了重要的理论指导和参考依据。

第三节　高职院校思政课程混合式教学对学生学习成效的影响

在本章第二节，我们对影响学习的各种因素进行了提炼和总结，构建起了一个影响因素模型。然而，这个模型究竟如何影响学生的学习成效，这将成为我们研究的重点和焦点。在这一节中，我们将对影响学习成效的因素进行深入的探究和分析。我们希望通过这种深入的研究，能够综合把握混合式教学的特点和规律，从而构建出一种科学、合理、高效的思政课程混合式教学模式。我们相信，通过这样的研究，能真正加快混合式教学的推广，使其在教学过程中发挥出更大的效能。

一、现有研究综述

关于混合式教学对学生学习成效的影响，研究者们开展了大量教学研究，研究发现，混合式教学已广泛应用于职业教育领域，但其对学生学习效果的实证研究结果却并不一致。

现有研究认为混合式教学对学习成效的影响可分为三类：一是混合式

教学对学生学习成效具有显著促进作用。二是混合式教学和传统教学无显著差异。三是混合式教学不如传统教学效果。

学者祝智庭等指出，我国线上线下融合教学实践目前仍处于探索初期，还未实现线上线下融合教学模式的真正落地。混合式教学对学生学习成效的实证研究结果存在较大差异，因而有必要探究混合式教学的有效性及影响因素。关于混合式教学模式的效果评价，研究者主要运用问卷调查或内容分析方法，从学习成绩和认知能力、关系交互性和知识建构、情感态度以及满意度等方面进行评价。现有研究多以课程教学案例为支撑，论述混合式教学模式的设计和应用，而从学生角度评价混合式教学接受意愿及其影响因素的实证研究较少，甚至缺乏完善的理论对学生混合式教学接受意愿进行有效的预测和解释，而具体到思政课程混合式教学对学生成效的影响更是少之又少。下面我们将从影响因素视角结合技术接受模型，探讨思政课程混合式教学对学生学习成效的影响。

二、研究模型及假设

(一)技术接受模型

技术接受模型(Technology Acceptance Model，TAM)是 Davis 在 1989 年首次提出的，旨在系统地分析用户对于信息技术的接纳机制。该模型将系统设计特征确立为外部变量，其对用户的信息系统使用意愿及感知易用性产生基础性影响。具体而言，此特征与用户感知易用性共同构建起用户对信息系统的感知有用性。用户的使用态度不仅直接受感知易用性的影响，同时也显著受到感知有用性的作用。最终，感知有用性与用户的使用态度共同影响并决定用户的行为意愿，而用户的行为意愿则直接决定其实际的系统使用行为。

在 TAM 确立后，Davis 及其团队进行了持续的研究与修正。在 1993 年的研究中，他们提出了剔除原模型中"行为意愿"变量的建议，其依据在于用户的实际使用决策并不必然通过"行为意愿"这一中介变量来体现其使用态度。进一步地，1996 年的研究又提出了移除"使用态度"变量的观点，他

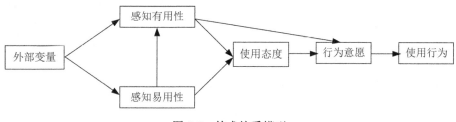

图 5-3　技术接受模型

们认为"使用态度"更多地反映了用户情绪层面的偏好，而非直接对感知有用性和感知易用性产生决定性影响。为了使模型进一步完善，他们决定将先前剔除的"行为意愿"变量重新纳入修正后的技术接受模型之中。

（二）研究模型与假设

技术接受模型成为研究教育信息技术使用行为的重要理论框架之一，实证研究结果亦证实了其理论价值和适用性。然而，尽管技术接受模型已广泛应用于多个领域，但该模型主要侧重于技术感知属性的考量，对于社会客观因素的影响分析尚显不足，其解释能力仍有待进一步提升。当前，技术接受模型在高校学生对混合式教学接受意愿方面的实证研究仍较为不足，我们利用修正后的技术接受模型和基于扎根理论构建起的影响因素模型，构建起思政课程混合式教学对学生成效的影响理论模型，具体见图 5-4。

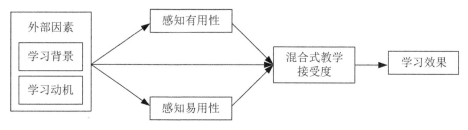

图 5-4　思政课程混合式教学对学生成效的影响理论模型

在本研究中，提出的研究模型基于 TAM，旨在调查高职院校思政课程混合式教学对学生成效产生的影响。"学习动机""学习背景"这两个学生视角的外部因素作为 TAM 的延伸因素被纳入研究模型中。如图 5-4 所示，研究模型包括六个变量：学习动机、学习背景、感知有用性、感知易用性、混合式教学接受度和学习效果，从而从学生视角进一步揭示思政课程混合式教学实效性的影响机制。本节我们将重点从学生感知的视角，重点探讨感知有用性、感知易用性、学习动机、学习背景对思政课程混合式教学效果的影响，我们构建起以下假设（表 5-10），并基于假设开展相关实证研究。

表 5-10 研究假设

项目	研 究 假 设
直接作用	H1：学习背景对感知有用性有正向影响
	H2：学习动机对感知有用性有正向影响
	H3：学习背景对感知易用性有正向影响
	H4：学习动机对感知易用性有正向影响
	H5：学习背景对混合式教学接受度有正向影响
	H6：学习动机对混合式教学接受度有正向影响
	H7：混合式教学接受度对学习效果有正向影响
间接作用	H8：感知有用性在学习背景和混合式教学接受度之间起中介作用
	H9：感知有用性在学习动机和混合式教学接受度之间起中介作用
	H10：感知易用性在学习背景和混合式教学接受度之间起中介作用
	H11：感知易用性在学习动机和混合式教学接受度之间起中介作用

三、研究设计

（一）研究目的

此次研究的理论基础建立在技术接受模型的分析框架之上，将学生的学习背景与学习动机纳入该模型中，以思政课程混合式教学调研问卷为依据进行分析，构建起思政课程混合式教学对学生学习成效的影响关系模型，旨在探索以下问题：一是学生的学习动机、学习背景、感知有用性、感知易用性四个要素是否能够对混合式教学接受度以及学习效果产生影响；二是学习动机、学习背景、感知有用性、感知易用性四个要素之间是否存在相互作用关系；三是混合式教学接受度对学习效果的影响程度；四是各要素之间的效应影响程度。

（二）研究对象

本次调研以参与过本校思政课程混合式教学的学生为调研对象，采用电子问卷和纸质问卷两种方式进行调研，针对本校 2022 级和 2023 级学生进行，共获得有效问卷 344 份。

（三）研究方法

本研究运用了结构方程建模技术，使用 SPSS25.0 统计软件和 SmartPLS4.0 分析工具，对所收集的问卷数据进行了详尽的信效度检验。在确保数据质量的基础上，对采集到的有效数据进行严谨的处理和分析，以期获得科学可靠的研究结果。此外，为了评估所建立模型的适用性和准确性，依据拟合优度（Goodness of Fit，GOF）这一重要指标，对模型的整体拟合效果进行了全面的检验。通过这一系列的分析与验证，确保本研究的模型能够准确地反映出所研究变量之间的内在联系和作用机制。

（四）研究工具

此次研究在本章第二节和第三节所形成的影响因素与评价指标的基础上，参考已有研究的量表，把影响因素和评价指标的题项转换为量表，编制了《高职院校思政课程混合式教学实效性调研问卷》（具体参见附录3），该问卷分为学生基本信息、影响因素、混合式教学接受度与学习效果三个部分。影响因素分为学习背景、学习动机、感知有用性、感知易用性等。已有研究表明，在混合式教学模式下，学生接受度成为衡量其效果的关键指标，同时也是混合式教学实效性评估的重要依据。我们用混合式教学接受度和学习效果来对结果进行测量，混合式教学接受度有 4 个题项，学习效果有 3 个题项。每个题项都采用李克特 5 级量表进行赋分，具体量表见表 5-11。

表 5-11　研究变量和测量量表

变量	量 表 题 项		来源
学习背景	LB1	我的信息技术水平高	李宝等
	LB2	我进行混合式学习的时间长	
	LB3	我使用混合式学习的教学平台很频繁	
学习动机	LM1	思政课程混合式教学能让我获得很多知识	王改花等
	LM2	思政课程混合式教学让我对自己有较高的期望和要求	
	LM3	在思政课程混合式教学中，老师通常会夸奖学习用功的学生	
	LM4	在思政课程混合式教学中，我希望知道别人对我学习表现的评价	
感知易用性	PEU1	我认为思政课程混合式教学是一种容易上手的学习方法	Davis 等
	PEU2	我认为思政课程混合式教学在线平台的操作是容易的	
	PEU3	我能很轻松地运用思政课程混合式教学进行学习	
	PEU4	我认为思政课程混合式教学不会给我带来过重的负担	
感知有用性	PU1	我认为思政课程混合式教学能使我更有效地进行学习	
	PU2	我认为思政课程混合式教学提高了我的学习效率	
	PU3	我认为思政课程混合式教学提高了我的学习成绩	
	PU4	我认为思政课程混合式教学能满足我的学习需求	
混合式教学接受度	LA1	我喜欢思政课程混合式教学	杜世纯等
	LA2	对思政课程混合式教学，我感觉很好	
	LA3	思政课程采用混合式教学方式，我感觉对我有益	
	LA4	思政课程采用混合式教学方式，我感觉对我的吸引力很强	
学习效果	LE1	通过思政课程混合式教学，我的创新能力和价值观念都有了提升	
	LE2	通过思政课程混合式教学，我的团队协作能力有了很好地提升	
	LE3	通过思政课程混合式教学，我的问题解决能力有了很好地提升	

（五）数据分析方法

研究采用严谨且稳健的偏最小二乘法（PLS-SEM）作为构建结构方程模型的基础，并运用专业的分析软件 SmartPLS4.0，深入探讨了思政课程混合式教学对学生学习成效的影响概念模型。此方法在探索性研究中展现出显著优势，不仅能够有效处理小样本量数据，而且对样本分布状况无严苛要求，进一步凸显了其在处理复杂结构方程模型方面的能力。具体分析内容涵盖以下两个方面：首先，对测量模型进行了信度和效度检验；其次，对结构模型进行了路径分析。

四、数据分析

（一）数据共线性检验

根据 Harman 单因素方法，把所有变量纳入 SPSS，结果显示，单因素占总变异的 28.45%，低于 40% 的判别标准，并且经因子旋转后，形成 6 个因子，与我们的研究一致。通过计算方程膨胀因子，其值范围在 1.612~3.109 之间，低于阈值 3.3，不存在严重的共同方法偏差和变量共线性问题。

（二）信效度检验

在针对小样本数据进行分析时，偏最小二乘法展现出卓越的因果关系分析能力。因此，我们采用 SmartPLS 4.0 软件，对问卷的信效度进行严格的分析，并据此构建结构方程模型，以实现对关系模型及研究假设的精准检验。在测量模型中，研究了结构的信度、收敛效度和判别效度。问卷的信度以及收敛效度检验的详情见表5-12，问卷的区别效度检验结果详见表5-13。

在信度检验的过程中，我们采用了 α 系数值、组合信度（CR）对问卷的整体信度进行了全面而细致的评估。通常而言，α 系数值若超过 0.9，则表明问卷的可靠性极高；当该值介于 0.7 与 0.9 之间时，同样被视为具有很高的可靠性。CR 值的判定标准与 α 系数值相同。在表 5-12 中，我们不难发现，针对学习背景、学习动机、感知有用性、感知易用性、混合式教学接受度和学习效果六个变量,其 α 系数值均显著大于 0.80 的标准值;同时,其组合信度值也均高于 0.8,表现出较高的可靠性。在评估模型的信度时,当潜在变量的内在质量得分大于 0.8 时,该区间被定义为高信度区间,从而证实了潜在变量的内在质量处于优秀水平。从各项评价指标来看,该测量模型的信度表现优异。

表 5-12　信度与收敛效度检验分析

变量	测量题项	因子载荷	α 系数	组合信度(CR)	平均萃取变异值(AVE)
学习背景	LB1	0.860	0.833	0.849	0.754
	LB2	0.819			
	LB3	0.833			
学习动机	LM1	0.827	0.825	0.844	0.778
	LM2	0.819			
	LM3	0.804			
	LM4	0.795			
感知易用性	PEU1	0.854	0.852	0.864	0.702
	PEU2	0.851			
	PEU3	0.861			
	PEU4	0.856			
感知有用性	PU1	0.879	0.847	0.897	0.686
	PU2	0.886			
	PU3	0.887			
	PU4	0.879			
混合式教学接受度	LA1	0.780	0.827	0.833	0.683
	LA2	0.818			
	LA3	0.835			
	LA4	0.824			

续表

变量	测量题项	因子载荷	α系数	组合信度(CR)	平均萃取变异值(AVE)
学习效果	LE1	0.882	0.864	0.886	0.712
	LE2	0.850			
	LE3	0.875			

在模型的效度检验方面，我们采用了平均萃取变异值(AVE)及因子载荷等关键指标进行判别。结果显示，各潜在变量的平均萃取变异值均超过了0.5的阈值，且所有观察变量问题项的因子载荷均大于0.7，这充分证明了模型具有显著的收敛效度。此外，采用 Fornell-Larcker 标准，如表5-13所示，各个变量之间的相关系数均低于其平均萃取变异值的平方根，这进一步表明本模型在区别效度方面表现良好。综上所述，该测量模型的效度得到了充分验证，并呈现出良好的表现。

表5-13 区别效度分析

变量	Fornell-Larcker 标准					
	学习背景	学习动机	感知易用性	感知有用性	混合式教学接受度	学习效果
学习背景	0.868					
学习动机	0.524	0.882				
感知易用性	0.522	0.550	0.839			
感知有用性	0.634	0.691	0.614	0.828		
混合式教学接受度	0.589	0.647	0.564	0.703	0.826	
学习效果	0.671	0.712	0.624	0.721	0.782	0.844

（三）结构方程模型的建立及分析

1. 拟合优度检验

拟合优度作为 SmartPLS 中评估结构方程模型整体预测性能的关键度量，其取值范围限定于 0 至 1 之间，且数值的增大直接反映模型拟合度精确性的提升。据 Martin Wetzels 等学者所述，GOF 值设定了三个关键的阈值，即 0.10、0.25 及 0.36。当 GOF 值落于 0.10 至 0.25 的区间时，视为模型拟合度相对较弱；若其值介于 0.25 至 0.36 之间，则模型拟合度被视为适中；而当 GOF 值超过 0.36 时，则证明模型拟合度较好。经过计算，本研究模型的 GOF 值达到 0.4326，显著超越 0.36 的阈值，因此，可以确切地判断该模型具备较好的拟合度。

2. 路径系数分析

首先通过 SmartPLS4.0 软件对模型进行路径参数估计，然后利用软件作 Bootstrapping 运算，在此基础上检验路径系数的显著性。表 5-14 列出了由 SmartPLS4.0 软件估计出的各个路径系数及其显著性，可以看出，学习背景、学习动机对感知有用性的路径系数分别是 0.305 和 0.404，结果均显著，H1 和 H2 成立；学习背景、学习动机对感知易用性的路径系数分别为 0.234 和 0.277，结果均显著，H3 和 H4 成立；学习背景和学习动机对混合式教学接受度的路径系数是 0.390 和 0.206，且结果均显著，H5 和 H6 成立；混合式教学接受度对学习效果的路径系数是 0.343，且结果显著，H7 成立。因此，不同变量之间的正向影响关系都得到了验证。

表 5-14　路径系数与假设检验

假设	路径系数	标准差	T 统计量	P 值	结果
H1：学习背景—〉感知有用性	0.305	0.077	3.937	0.000	支持
H2：学习动机—〉感知有用性	0.404	0.076	5.327	0.000	支持
H3：学习背景—〉感知易用性	0.234	0.063	3.733	0.000	支持
H4：学习动机—〉感知易用性	0.277	0.066	4.194	0.000	支持

假设	路径系数	标准差	T统计量	P值	结果
H5：学习背景—〉混合式教学接受度	0.390	0.069	5.629	0.000	支持
H6：学习动机—〉混合式教学接受度	0.206	0.077	2.679	0.007	支持
H7：混合式教学接受度—〉学习效果	0.343	0.084	4.074	0.000	支持

间接效应分析的间接效应也称中介效应，即在结构模型中，变量 A 能够通过变量 B 对变量 C 产生影响。经由间接效应检验发现，感知有用性和感知易用性作为中介变量的学习背景和学习动机对混合式教学接受度的间接效果 P 值均小于 0.05，结果较显著，另外以 Precentile 95% 置信区间是否包含 0 对总中介效果进行检验，Precentile 95% 区间也都不包含 0，中介效果均成立，H8-H11 得到验证，具体计算结果见表 5-15。

表 5-15　中介效应检验

间接效果	点估计值	Bootstrapping 2000 次			Precentile 95%		结果
		SE	T值	P值	Low	Upper	
H8：学习背景—〉感知易用性—〉混合式教学接受度	0.103	0.038	2.735	0.006	0.064	0.240	支持
H9：学习动机—〉感知易用性—〉混合式教学接受度	0.139	0.046	3.007	0.003	0.064	0.240	支持
H10：学习背景—〉感知有用性—〉混合式教学接受度	0.081	0.025	3.254	0.001	0.035	0.133	支持
H11：学习动机—〉感知有用性—〉混合式教学接受度	0.087	0.027	3.291	0.001	0.035	0.134	支持

五、研究结论与启示

(一)研究结论

研究基于问卷调查与结构方程模型分析,结合技术接受模型分析框架,从学生视角对思政课程混合式教学效果的影响因素进行了系统的模型构建与效应分析。研究结果显示,学生的学习背景、学习动机、感知有用性和感知易用性等均对混合式教学接受度产生正向影响;学习背景和学习动机也通过感知有用性和感知易用性对混合式教学接受度产生了间接影响;混合式教学接受度对教学效果产生正向影响。

(二)研究启示

我们深入探讨了这些影响因素之间的内在联系和潜在机制。

(1)提升学生的信息素养。学习背景作为一个基础变量,不仅直接影响了学生对混合式教学的接受度,还通过塑造学生的学习习惯和学习策略,影响了感知有用性和感知易用性。例如,拥有丰富学科背景的学生更有可能对思政课程的混合式教学产生浓厚兴趣,因为他们能够从多学科的角度去理解和分析课程内容,从而增强感知易用性和感知有用性。

(2)学习动机作为学习的内在动力,对学生接受混合式教学具有决定性作用。当学生对思政课程的学习动机强烈时,他们更有可能主动探索新的学习方式,积极投入混合式教学,从而提高了感知有用性和感知易用性。同时,学习动机的增强会进一步促进学生对混合式教学的接受度,形成良性循环。

(3)感知有用性和感知易用性在混合式教学接受度中起着桥梁作用。当学生认为混合式教学对他们的学习有帮助(感知有用性),并且使用起来方便快捷(感知易用性)时,他们更有可能接受并喜欢这种教学方式。这种积极的感知会进一步推动他们投入学习之中,从而提高教学效果。

(4)混合式教学接受度对教学效果产生正向影响,但并不意味着只要学生接受了混合式教学就一定能取得好的教学效果。教学效果的提升还需要教师在教学过程中充分发挥引导作用,合理设计教学内容和教学活动,以及充分利用线上线下的教学资源。

综上所述，思政课程混合式教学效果的影响因素是一个复杂的系统。为了提高教学效果，我们需要从多个方面入手，既要关注学生的学习背景和学习动机等内在因素，也要重视感知有用性和感知易用性，还要考虑学生对混合式教学的接受度。因此，在教学实践中，教师应充分重视学生的学习背景，并关注学生对学习平台的感知易用性和感知有用性，以优化学生对混合式教学的接受度，从而提高学习效果。

第六章 高职院校思政课程混合式教学创新

移动互联网给传统高等教育带来了巨大震动，高职院校思政课程作为引导大学生树立正确的世界观、人生观和价值观的主课程，面对教育界这场革命性的风暴，应如何迎接新技术带来的机遇和挑战，以实现教育教学模式的创新？对这个问题的研究和探索，必将有助于推进高职院校思政课程的教学改革。混合式教学以其独特的优势，正逐渐成为高职院校思政课程教学改革的重要方向。

第一节 高职院校思政课程混合式教学创新的原则

一、坚持以学生为中心的教学导向

在探索混合式教学的创新过程中，我们务必将学生置于核心位置，全方位关注他们在学习过程中的需求和兴趣之所在。我们应精心设计多种类型的教学活动和互动环节，以此激发学生的学习热情和自主性，确保他们能够在学习过程中发挥主体作用。此外，教师还需积极鼓励和引导学生投身于课堂讨论及各类实践活动之中，以此培养他们的思辨能力和实际操作能力。只有这样，我们才能在混合式教学的道路上不断前行，为学生提供更加优质的教育体验。

思政课程学习的最终目的是帮助学生进行知识建构，联通主义理论也将学习看成一个持续的知识网络形成的过程，并且这个过程中最为关键的要素就是学习者积极主动的参与。移动互联网背景下思政课程学习是学生与学习环境的交互，在这种交互中，大学生作为参与主体必然会受到外部环境中各种信息的刺激，当大学生不能完全或部分接受这些信息时，就会导致一种不平衡状态产生。如何准确、快速地解决这种不平衡状态，这需要大学生们通过同化、顺应的方式将新的信息融入自己的认知结构，从而与外界达到新的平衡状态。因此，移动互联网下的学习活动正是借助大学生与外部环境之间这种由不平衡到平衡的交替转换过程来实现的。在这种交替过程中学生主观能动作用非常重要，只有他们主动、积极地参与顺应或同化过程，才能从根本上及时、有效地达到思政课程意义建构，从而将所谓的不平衡状态转变为平衡状态。这就要求在思政课程学习活动中首先充分考虑学生们的初始能力、学习风格、需求等多方面因素，设计出来的课程资源符合当下"90后""00后"大学生的生理与心理特征，能提升他们的学习兴趣，使他们愿意主动参与相应的学习活动。

二、注重线上线下教学的有机结合

混合式教学创新的核心在于将线上教学与线下教学有机结合，实现优势互补。在线上教学中，教师可以利用网络资源和技术工具，提供丰富多彩的教学资源和互动平台，方便学生随时随地进行学习。在线下教学中，教师可以通过面对面的交流和指导，帮助学生解决学习中的困难和问题，同时加强师生之间的情感交流。

在混合式教学中，教师可以根据学生的学习需求和特点，灵活运用线上和线下教学资源，为学生提供更加个性化的教学服务。线上教学可以提供丰富的学习资源和自主学习平台，使学生能够根据自己的时间和进度进行学习，提高学习效率。线下教学则可以提供师生之间的直接交流和互动，教师能够更好地了解学生的学习情况，及时给予指导和帮助，促进学生的深度学习和思考。

混合式教学创新还需要教师具备一定的技术和教学能力。教师需要熟悉网络教学工具和资源，能够有效地整合和利用线上教学资源，提高教学效果。同时，教师还需要具备线下教学的技巧和经验，能够与线上教学相衔接，形成完整的教学体系。

混合式教学创新不仅提高了教学效果，也促进了教育公平和资源共享。通过线上教学，优质的教育资源可以辐射到更多的地区和人群，使更多的人享受到高质量的教育资源。同时，混合式教学也为学生提供了更多的学习选择机会，学生能够根据自己的兴趣和能力进行学习，提高学习的积极性和主动性。

混合式教学创新是教育信息化发展的重要方向，也是教育改革的重要内容。通过将线上教学与线下教学相结合，可以更好地满足学生的学习需求，提高教学效果，促进教育的公平和可持续发展。

三、强调教学内容的针对性和时代性

思想政治课程的教学内容应当具备鲜明的时代特征和针对性，这意味着教学内容需要紧跟时代的步伐，反映当前社会的特点和主要问题，让学生更好地理解和把握社会的走向，增强他们的时代意识。在推进混合式教学模式的创新过程中，教师可以积极采用案例分析、社会调研等多元化的教学手段，这些手段可以帮助学生更加直观地了解社会问题，提高他们的实践能力。此外，教师还需要不断地更新和完善教学内容，以适应时代的发展和满足学生的学习需求。同时，创新教学方法也是必要的，这样可以激发学生的学习兴趣，提高教学效果。

四、加强教师队伍的培训和建设

混合式教学创新需要依赖一支具备现代教育技术能力和创新精神的教师队伍，为了实现这一目标，必须加强教师队伍的建设，全面提升教师的专业素养和教学能力。为此，我们可以通过组织一系列专题培训、教学研讨等活动，帮助教师深入学习现代教育技术工具和方法，从而提高教学效果和质量。

在培训过程中，我们应注重理论与实践相结合，让教师在掌握现代教育技术的基础上，能够将其应用于实际教学中。此外，我们还应鼓励教师

积极参与国内外教育技术研究和交流活动，不断吸收先进的教育理念和教学方法，为我国教育事业的发展贡献力量。

与此同时，我们还要关注教师的心理素质和职业发展，营造一个尊重创新、包容失败的教育环境，通过激励机制和政策支持，鼓励教师积极探索和创新教学方式和方法，形成具有自己特色的教学风格。这样，不仅能够提高教学质量，还能够激发教师的职业成就感和使命感。

总之，建设一支具备现代教育技术能力和创新精神的教师队伍，是推动混合式教学创新的关键，有望将我国的教育事业推向一个新的高度。

第二节　移动互联网时代高职院校思政课程混合式教学创新

移动互联网时代，针对高职院校思政课程的教学现状，探索和实践一条融合传统与现代化教学手段的混合式教学创新路径显得尤为重要。高职院校思政课程不仅要传授马克思主义基本理论，而且要培养学生的思想道德素质，增强他们的社会责任感和历史使命感。混合式教学作为一种教学模式，其核心在于线上教学与线下教学的有机融合，而非简单地将传统课堂教学与网络平台教学进行叠加。在这种模式下，线下课堂教学与线上平台教学不再是独立的个体，而是相互补充、相辅相成的整体。为实现这一融合，两者都需要进行深刻的变革，以新的教学理念为指导，整合资源、调整策略、重组教学流程。通过创新的教学策略和手段，能够更好地适应新时代高职院校学生的学习特点，提升思政课程的教学质量和实效性(图 6-1)。

一、更新教育理念

教育理念的转变是传统教学模式向网络教学模式转型的必然，因为教学过程的参加者是教师、学生，他们是教学模式转型的执行者。未来的社会，人才除了具备"基本能力""思维能力""品德素质"外，还必须具备与网络信息时代相适应的五种"广泛的能力"，即对信息获取的能力、对信息

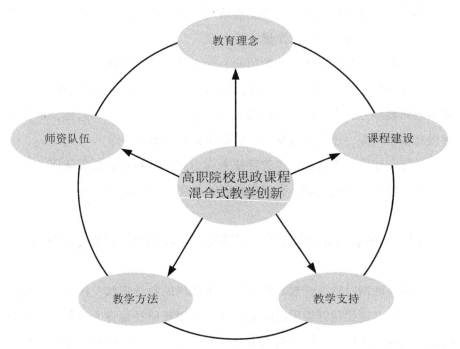

图 6-1 移动互联网时代高职院校思政课程混合式教学创新路径逻辑

组织的能力、对信息分析的能力、对高速变化情况的解决与处理的能力、主动学习日益膨胀的知识和更新知识的能力。对人才的这些新要求影响着高等教育的教学目标与方法，教学模式也将发生相应的变化。有了网络，学生自己就可以通过思想政治教学平台、数据库、专家教学系统自测自学，还可以通过国际互联网向世界各所学校调阅资料。相应地，教师的主要职责也发生了变化，应加强培养学生掌握信息处理工具的方法和分析问题、解决问题的能力，以及引导学生在信息共享中树立合作的精神。在主动的、开放的、交互的学习中，真正形成以学习者为中心的现代教育与学习方式。教学过程的民主，师生关系的平等，有利于学习者主动建构知识，甚至创造新知识。

缺乏新教学理论的指引，难以发挥移动互联网下思政课程学习的价值。部分教师虽然采用了互联网下的学习来支持教学活动，但仍然采用陈旧的教学方法和观念。学生在旧理论的指导下按部就班被动地进行学习，不利于发挥其潜在价值。移动互联网下的学习不仅需要了解思政课程传统学习的优缺点和局限性，更应该深刻了解移动互联网下思政课程学习的本质，综合利用移动互联网下不同学习形式开展教学活动。

（一）树立起"以学生为中心"的教育理念

在当今教育领域，积极倡导并实践"以学生为中心"的教育理念，其核心在于全面关注每一位学生的个性化需求、兴趣爱好以及身心发展。这种教育理念不仅是教育改革的重要导向，更是我们国家教育事业发展的重要基石。我们必须深入理解并贯彻执行这一理念，将其贯穿于教育的每一个环节，从而为我国的教育事业注入新的活力。

"以学生为中心"的教育理念要求我们在教育实践中必须把学生的需求放在首位，以他们的兴趣为导向，以他们的发展为终极目标。我们要通过深入了解学生的学习需求，为他们量身定制教育方案，提供最适合他们的教育资源和服务。同时，我们还要关注学生的心理健康，引导他们正确处理学习、生活和人际关系，为他们营造一个良好的成长环境。

此外，我们还要注重培养学生的创新精神和实践能力，引导他们在实践中探索，在探索中成长。我们要鼓励学生主动参与课堂讨论，培养他们的独立思考能力；我们要组织丰富多彩的课外活动，提升他们的实践操作能力；我们要引导学生参与社会实践活动，增强他们的社会责任感和使命感。

总之，"以学生为中心"的教育理念要求我们，必须将学生的发展放在教育的核心位置，从他们的需求出发，为他们提供全面、优质的教育服务，帮助他们实现自我成长，为他们的全面发展提供有力支持。只有这样，我们才能培养出更多有理想、有道德、有文化、有纪律的社会主义建设者和接班人，为我国的繁荣富强做出更大的贡献。

（二）紧扣思政课程立德树人的培养目标

我们必须坚定不移地倡导和推广"思政课程是立德树人的关键课程"这一重要教育理念，这是我们在开展思政课程混合式教学过程中必须始终坚守的核心原则。只有这样，我们才能够更加有效地实现思政课程混合式教学的实践效果，确保我们的教学活动能够真正达到预期的目标和效果。

我们需要深入理解和把握这一教育理念的内涵和实质，将其贯穿思政课程混合式教学的每一个环节和步骤。我们要通过各种方式和手段，让广大师生深刻认识到思政课程在立德树人中的重要地位和作用，进一步坚定他们对思政课程的信心和信任。

同时，我们还要积极推动思政课程混合式教学的实践和创新，不断探索和尝试新的教学方法和手段，以期让思政课程的教学更加生动、有趣和有效。我们要通过思政课程混合式教学的实践，让学生在掌握相关知识和技能的同时，能够提升自身的道德素质和人文素养，成为具有全面发展和创新能力的高素质人才。

总的来说，坚定地树立和推广"思政课程是立德树人的关键课程"这一教育理念，是我们进行思政课程混合式教学的重要任务和使命。只有这样，我们才能够更好地实现思政课程的教学目标，为我国的教育事业和社会发展做出更大的贡献。

(三)教学要有实效性

思政课程教学改革与创新必须追求实际的成效，也就是说，这种改革和创新不仅是理论上的探讨，更应当在实际的教学过程中得到体现和落实。这就要求我们在进行思政课程的教学改革和创新时，必须注重实际效果，注重教学的实效性。

思政课程的教学内容应当紧密结合实际，既要涵盖马克思主义的基本理论，也要关注当前国内外的热点问题，以及与学生生活密切相关的实际问题。这样，学生才能通过学习思政课程，真正提升自己的思想道德素养，提高自己的政治觉悟。

思政课程的教学方式也应当注重实效。传统的教学方式可能过于注重知识的传授，而忽视了学生的主动参与和思考。因此，我们可以尝试采用案例教学、讨论教学等方式，激发学生的学习兴趣，引导学生主动思考，从而提高教学的实效性。

思政课程的教学评价也应当注重实效。传统的教学评价可能过于注重考试成绩，而忽视了学生的实际收获。因此，我们可以尝试采用过程性评价、综合性评价等方式，全面评估学生的学习成果，从而提高教学的实效性。

总的来说，思政课程教学改革与创新要有实效性，就需要我们在教学内容、教学方式和教学评价等方面进行全面改革和创新，以期提高思政课程的教学质量，真正达到培养学生的思想道德素养和政治觉悟的目的。

二、强化师资队伍

教师是提升思想政治理论教学实效性的关键因素。作为思政课程教学的具体组织者和实践者，教师在思想政治理论教学过程中扮演着主导和支配的角色。他们在引导学生、树立榜样、组织教学和激励学生等方面发挥着关键作用。教师在思政课程教学中的主导地位的大小，很大程度上直接决定了思政课程教学的成效。

(一)培养高素质的思政课程教师队伍

思政课程教师应有积极的人生观和价值观、良好的心态和精神面貌。同时，网络技术的提高是教师素质提高的重要内容。熟练掌握基本的网络知识和技能，深入了解大学生的思想状况，可使马克思主义思想政治理论课更加有的放矢。时下，国内外敌对势力正竭力利用网络技术腐蚀大学生，因此，提高思政课程教师的网络技术，充分利用网络平台，充实教学内容，增强教学实效显得十分迫切。当前大学开设的思政课程是一门综合性很强的课程，其导向性强，信息容量非常大，要求教育主体人文底蕴深厚，有较强的政策解读能力及信息获取、分析和加工能力。这是当前提高思想政治教育实效性的重要途径，具有重要的现实意义。依托学校和教育技术、网络化管理的优势，在网络平台上实践现代信息技术与思想政治教学主体的整合，打破教师主体的孤立状态，建构起教师主体之间的交互关系，构建思政课程教师网络学习共同体，使教师间相互学习、取长补短，能最大限度地发挥教师个体的优点，从而提升思想政治教育主体素质，真正发挥思政课程教学在大学生思想政治教育中的主渠道作用。

（二）提升思政课程教师教学能力

高职院校应当强化对思政课程教师的继续教育和培训工作，不断提升他们的信息时代教学素养以及现代教育教学技能。教师需要精通并能够熟练地运用混合式教学模式，这种模式结合了传统的面对面授课和数字技术的线上教学，包括但不限于网络课程、多媒体资源和在线互动等。教师应精通如何运用这些方法和技巧，以创新的方式呈现知识，从而点燃学生们的学习热情，调动他们的学习积极性。此外，教师还需重视线上与线下教学的深度融合，寻找最佳的教学策略，确保能够充分实现教学效果的最优化，让学生在全方位、多层次的学习体验中，不仅掌握知识，更能提升能力，为未来的职业生涯打下坚实的基础。

三、优化课程建设

（一）优化混合式教学内容

高职院校应当深刻认识到思政课程在学生全面发展中的重要作用，并结合当前的时代背景以及社会发展的实际情况，对混合式教学内容进行精心设计。这种设计不仅要充分考虑到理论知识的精确传授和深入解读，更要超越单一的知识传递，深入学生的实践能力培养、创新思维训练和道德修养塑造等方面。也就是说，高职院校在开展思政课程教学时，应将理论教学与实践操作、创新意识的激发和道德品质的提高有机结合，形成一个全方位、多层次的教学体系。

在此过程中，教学内容应当注重针对性和时效性，旨在捕捉学生的注意力，激发他们的学习兴趣，进而引导他们去关注当前社会中的热点问题，深入思考现实生活中的各种挑战。通过这种方式，可以使学生在掌握必要的理论知识的同时，也能提升分析问题和解决问题的能力，培养社会责任感，使他们在未来的学习和工作中，能够更好地适应社会发展的需求，为社会主义现代化建设贡献自己的力量。因此，高职院校在开展思政课程教学时，应不断创新教学方法，丰富教学手段，提升教学质量，以达到培养德才兼备的高素质技术技能型人才的目的。

（二）加强课程学习资源建设

在深化思政课程混合式教学的过程中，学习资源建设显得尤为重要。为了更好地满足学生的多样化学习需求，提升思政课程的教学效果，我们需要进一步加强混合式教学学习资源建设，打造高质量、多样化的学习资源体系。

1. 注重学习资源的丰富性和针对性

思政课程内容广泛，涉及政治、经济、文化等多个领域。因此，在学习资源建设上，我们需要根据课程内容的特点，结合学生的实际需求，开发一系列针对性强、内容丰富的学习资源。这些资源可以包括课程课件、教学视频、案例分析、阅读材料等，以满足学生在不同学习阶段的需求。

2. 注重学习资源的互动性和参与性

混合式教学的优势在于能够实现线上线下的有机结合，促进学生的主动学习。因此，在学习资源建设上，我们应该充分利用网络技术的优势，开发具有互动性和参与性的学习资源。例如，可以设计在线讨论区、学习小组、互动游戏等，让学生在学习过程中能够积极参与、互动交流，提高学习的主动性和积极性。

3. 注重学习资源的时效性和更新性

随着社会的不断发展，思政课程的教学内容也在不断更新和变化。因此，在学习资源建设上，我们需要密切关注时事动态，及时更新学习资源，确保资源的时效性和准确性。同时，我们还要鼓励学生积极参与资源的更新和维护工作，提高他们的自主学习能力和创新能力。另外，我们要加强资源的共享和交流。学习资源建设是一个长期的过程，需要不断积累和完善。因此，我们应该加强资源的共享和交流工作，鼓励不同学科、不同领域之间的合作与交流，共同推动思政课程混合式教学学习资源建设的发展。通过共享和交流，我们可以借鉴他人的成功经验，避免重复劳动和资源浪费，提高学习资源的利用率和效果。

总之，加强思政课程混合式教学学习资源建设是提升思政课程教学效果的关键之一。我们应该注重资源的丰富性、互动性、时效性和共享性等方面的建设，打造高质量、多样化的学习资源体系，为学生提供更好的学习支持和服务。

(三) 优化混合式教学平台

高职院校应当积极增加资金和资源投入，全力完善其教学平台的硬件设施和软件功能，保障线上教学活动的顺利进行。为此，学校需要确保教学平台的硬件设施先进可靠，软件功能丰富多彩，能够适应不同学科和教学方法的需求。在软件方面，平台应具备高速稳定的网络环境，以及易于操作的用户界面，使得教师和学生都能迅速上手，无须经过繁琐的培训过程。

同时，教学平台应拥有内容丰富、分类细致的教学资源库，其中应包含各种形式的资源，如高清教学视频、高质量的音频讲座、互动式课件等，以适应不同学生的学习风格和学习偏好。这些资源应随时更新，以保证内容的时效性和准确性，让学生无论何时何地都能获取最新的学习资料。

此外，平台还应设计并提供一系列便捷的师生互动功能，如在线提问、即时通信、讨论区、作业提交与反馈等。通过这些互动功能，教师能够及时解答学生的疑问，给予有针对性的指导；学生之间也能在讨论区交流心得、分享学习经验，形成良好的学习氛围。这样的互动机制对于提升教学质量和激发学生的学习兴趣至关重要，能够有效促进师生之间的沟通与交流，实现教学相长。

四、创新教学方法

(一) 引入新教学技术，人工智能赋能思政课程混合式教学

随着科技的不断进步，教育领域也在迎来新的变革。特别是人工智能 (AI) 技术的迅猛发展，为思政课程混合式教学带来了前所未有的机遇。传统的思政课程教学方式往往注重理论知识的灌输，缺乏与学生实际生活的紧密联系，难以激发学生的兴趣。然而，借助人工智能技术，我们可以打

造更加生动、有趣且富有互动性的思政课堂。

人工智能技术可以帮助我们构建智能化的教学平台。这个平台可以根据学生的学习进度、兴趣爱好以及反馈信息，智能推荐适合他们的学习资源和课程。例如，对于喜欢视频学习的学生，平台可以推送相关的思政教学视频；对于喜欢阅读的学生，则可以提供丰富的思政书籍和文章。这样，每个学生都能在自己的学习路径上得到充分的满足，提高学习效果。

人工智能技术还可以实现教学过程的个性化辅导。教师可以通过智能教学系统，实时了解学生的学习情况和问题，并提供针对性的辅导和建议。同时，系统还可以根据学生的学习表现，自动调整教学策略和难度，确保每个学生都能在适合自己的学习环境中成长。此外，人工智能技术还可以促进师生之间的交流与互动。通过智能问答、在线讨论等功能，学生可以随时向教师提问，表达自己的观点和想法，教师也可以及时回应学生的问题，给予他们指导和鼓励。这种交流方式不仅打破了时间和空间的限制，还使得师生之间的互动更加频繁和深入。

人工智能技术还可以为思政课程的评估提供数据支持。通过收集和分析学生的学习数据、作业完成情况、课堂参与度等信息，教师可以更全面地了解学生的学习情况和进步程度。同时，这些数据还可以为教学改进提供有力依据，帮助教师不断优化教学策略和方法。

总之，引入新教学技术、人工智能赋能思政课程混合式教学是一种必然趋势。我们应该积极拥抱这一变革，不断探索和创新教学方式方法，为学生提供更加优质、高效、个性化的思政教育服务。

（二）打造参与式课堂

为了深化思政课程混合式教学改革，我们不仅需要设计多样化的活动，更要注重活动的参与性和实效性，探索更多创新性的教学方法，以打造更具活力和深度的参与式课堂。

1. 实施案例研究，引导深度思考

案例研究是一种极具参与性的教学方法，能够让学生在分析真实案例的过程中，深入理解思政理论，并学会将其应用于实际。教师可精选一系列与课程内容紧密相关的案例，组织学生进行小组讨论和汇报，鼓励他们从不同角度思考问题，提出解决方案，并在全班范围内分享交流。

2. 开展角色扮演，模拟实践场景

通过角色扮演，学生可以更加直观地感受不同角色在特定场景下的心理变化和行为决策，从而深化对思政理论的理解和应用。教师可设计一系列模拟实践场景，如模拟法庭、模拟政府会议等，让学生在角色扮演中体验不同角色的职责和使命，培养他们的责任感和使命感。

3. 引入辩论赛，激发思辨能力

辩论赛是一种能够充分激发学生思辨能力的教学方法。教师可定期组织辩论赛，围绕思政课程的热点话题，让学生自主选择立场，进行激烈的辩论。通过辩论，学生可以更加深入地了解不同观点，学会用理性思考去分析问题，提高他们的思辨能力和表达能力。

4. 运用数字技术，拓展学习空间

在混合式教学改革中，数字技术的应用是不可或缺的一部分。教师可利用互联网、大数据等数字技术，拓展学生的学习空间，提供更加丰富的学习资源。例如，可以开发在线学习平台，上传课程视频、课件、习题等学习资源，让学生可以随时随地进行学习；同时，还可以利用社交媒体等工具，加强师生之间的交流和互动，及时了解学生的学习情况和反馈意见。

通过以上教学方法的创新和应用，我们相信可以打造出更加生动、有趣、有效的参与式课堂，助推思政课程混合式教学改革不断深化。

（三）完善教学评价

在推进思政课程混合式教学的过程中，我们不仅要注重评价方式的多元化，更要深入挖掘其背后的教育意义，让每一次评价都成为学生成长道路上的有力推动力量。为此，我们需要进一步细化评价内容，确保评价能够全面、客观地反映学生的学习状态和学习成果。

在过程评价方面，可以引入更多的观察维度。除了传统的课堂参与度、作业完成情况外，还可以关注学生在小组协作、课外实践中的表现，以及他们在思政课程学习中展现出的思考深度和广度。这些维度的引入，能够让我们更全面地了解学生的学习状态，为他们提供更有针对性的指导。

在结果评价方面，我们要注重评价的客观性和公正性，通过制定明确的评价标准，确保评价结果的公正性和可信度。同时，我们还可以引入学生自评、互评等多元评价方式，让学生参与到评价过程中来，提高他们的学习主动性和自我管理能力。

在线上线下混合式教学模式中，我们还要注重线上线下评价的结合。线上平台提供了便捷的数据收集和分析工具，我们可以通过线上评价了解学生的学习进度和学习效果。而线下评价则更注重学生的实际表现和情感体验，通过面对面的交流和观察，我们可以更深入地了解学生的内心世界和学习需求。

为了进一步提升思政课程混合式教学的实效性，我们还需要加强评价结果的反馈和应用。通过及时、准确地反馈评价结果，让学生明确自己的优点和不足，为他们提供有针对性的改进建议。同时，我们还可以将评价结果作为教师改进教学方法、优化教学内容的重要依据，推动思政课程教学的不断创新和发展。采取思政课程多元评价、过程评价与结果评价相结合、线上线下混合的评价方式，是提升思政课程混合式教学实效性的重要途径。我们需要不断探索和完善评价机制，让评价成为推动学生成长和思政课程教学改革的有力工具。

五、优化教学支持

(一)打造智慧校园

在数字化时代浪潮下，智慧校园建设已成为推动高职院校思政课程混合式教学实效性的重要力量。随着信息技术的深入发展，如何将传统思政课程与现代信息技术相结合，构建高效、互动的混合式教学模式，已成为我们面临的重要课题。

　　为了进一步提升思政课程的实效性，我们可以从以下几个方面入手。首先，利用智慧校园平台，搭建思政课程在线学习系统。这一系统不仅可以提供丰富的学习资源，还可以实现学生与教师之间的实时互动，使学习变得更加灵活便捷。通过在线学习系统，学生可以随时随地访问学习平台，参与讨论，提交作业，实现个性化的学习路径。

　　其次，加强教师信息技术培训，提升教师的信息化教学能力。教师是思政课程教学的主导者，他们的信息化教学能力直接影响到混合式教学的实施效果。因此，我们需要定期组织教师参加信息技术培训，提升他们的信息素养和教学能力，使他们能够熟练运用各种教学工具和技术，打造高效、生动的思政课堂。

　　再次，我们还可以利用智慧校园的数据分析功能，对学生的学习行为和学习效果进行实时监测和评估。通过数据分析，我们可以了解学生的学习需求和困难，及时调整教学策略，提高教学效果。此外，数据分析还可以帮助我们评估混合式教学的实施效果，为未来的教学改革提供有力支持。

　　最后，我们还可以加强思政课程的实践教学环节，将理论知识与实际应用相结合。通过组织社会实践活动、志愿服务等活动，让学生亲身体验社会、了解国情，增强他们的社会责任感和历史使命感。同时，这些活动还可以为学生提供丰富的实践经验和素材，使他们的学习更加生动、有趣。

　　总之，打造智慧校园是助推高职院校思政课程混合式教学实效性的重要途径。我们应充分利用信息技术的优势，加强教师信息技术培训，提升教师的信息化教学能力；利用智慧校园的数据分析功能，对学生的学习行为和学习效果进行实时监测和评估；加强思政课程的实践教学环节，将理论知识与实际应用相结合。只有这样，我们才能打造出具有时代特色、富有实效性的思政课堂，为学生的全面发展和社会进步做出更大的贡献。

　　(二) 出台支持政策

　　为了进一步加强和优化高职院校思政课程混合式教学，我们必须持续加大政策支持力度，确保思政课程混合式教学得以健康、有序地推进。

1. 出台思政课程混合式教学管理办法

我们需要出台更为细化和全面的思政课程混合式教学管理办法。这些管理办法应明确教学目标、教学内容、教学方法、教学评价等各个环节的要求和标准。同时，要确保管理办法的灵活性和可操作性，使其能够适应不同学校、不同专业、不同学生的实际需求。在教学方法上，管理办法应鼓励教师采用多元化的教学手段，如线上教学、线下实践、小组讨论等，以激发学生的学习兴趣和积极性。同时，要注重培养学生的自主学习能力、创新能力和实践能力，使其在思政课程学习中得到全面的提升。

2. 增加经费投入

我们要制定经费资助办法，为思政课程混合式教学提供必要的经费支持。这些经费可用于购买教学设备、开发教学资源、开展教师培训等方面。通过经费资助，可以有效缓解学校在思政课程混合式教学方面的经济压力，提高教师的积极性和教学效果。在经费分配上，我们应坚持公平、公正、公开的原则，确保每一笔经费都能得到合理的使用。同时，要建立健全经费使用监督机制，防止经费的浪费和滥用。

3. 建立激励机制

鼓励教师积极参与思政课程混合式教学的改革和创新。可以设立思政课程混合式教学优秀课程、优秀教师等奖项，对在思政课程混合式教学中取得显著成绩的教师给予表彰和奖励。这不仅可以激发教师的积极性和创造力，还可以形成良好的教学氛围，推动思政课程混合式教学的深入发展。

4. 加强思政课程混合式教学的交流与合作

可以组织校际的教学经验交流活动，分享成功的教学案例和经验教训。同时，引进优秀的教学资源和教学方法，不断提升思政课程混合式教学的质量和水平。

总之，优化高职院校思政课程混合式教学政策支持力度，出台思政课程混合式教学管理办法和经费资助办法，是推动高职院校思政课程混合式教学发展的关键举措。只有不断加大政策支持力度和经费投入力度，才能确保思政课程混合式教学的健康、有序发展，为培养更多优秀人才做出更大的贡献。只有全面、系统地推进这些工作，我们才能为培养更多优秀人才做出更大的贡献。

（三）打造新型思政课程混合式学习空间

学习要在一定的空间场景内进行，在传统的学习教育中，学习空间以教室、实验室、操场等为主，随着技术的发展，各种教室和实验室等的设施越来越好，但作为工具性的空间物化设施的提升并不能使学习实现质的转化，学习空间的演进是教育理念变革和教学改革在物理层形式化的映射，学习空间的应用与教育理念和教学应用结合才能凸显其教育意义。从学习空间与教育理念与教学改革的演进来看，其已经历或正在经历着以下三种类型：教师主导的授导学习空间、师生共建的探究学习空间、学生为主的适应学习空间（表 6-1）。

表 6-1 学习空间分类

学习空间	空间目标	空间内容	空间要求
教师主导的授导学习空间	如何帮助教师更好地组织教学活动，以实现统一的教学目标，以实体环境为主	学校的技术配置，从粉笔黑板，到挂图，再到幻灯投影，直到多媒体教学系统等	方便教师选择并运用多样化的内容呈现方式来完成教学任务
师生共建的探究学习空间	帮助学习者掌握统一的知识与技能，还要能够为其运用这些知识和技能提供支持	需要能够面向学习者的未来生活场景，拥有丰富的资源形式与体系	帮助学习者从真实问题的情境中理解个人所需，营建面向未来的学习力
学生为主的适应性学习空间	差异化的学习目标和个性化的学习方式	提供多样化的智能应用场景	关注如何实现实体环境的互联互通，提升各类数据的关联性

混合式学习空间主要是开展混合式教学的情境支持要素，包括教室等实体空间和网络等虚拟空间，是学习空间根据技术发展、学习者偏好改变以及教育理念变革带来的支持方式的拓展，是学习空间的高阶形式。混合式学习空间不仅包括实体空间的塑造还包括虚拟空间塑造。混合式学习空间的教室、实验室和内部的设施设备的升级，虚拟空间的网络平台、网络内容以及网络建设主体的多元化也就成为关注的重点，同时也要注重学习者在其中进行实体与虚拟空间转变的不适感，形成有序、开放、个性化、高效的学习场景。混合式学习空间具有明显的二元特性，多元化与标准化并存，学习空间借助现有技术延伸现有的课堂，实现开放式学习，但又不能突破既定的标准化学习目标和目的；多元化的技术和方法与标准化的要求既兼容并蓄又始终如一，兼容并蓄的是各种技术及设施设备的升级、教学方法的变革，但坚持育人本质不变。因此，混合式学习空间是指在现代教育理念下，把多种技术融入和教学学习方式变革结合起来，形成有序高效的混合式学习场景与支持系统。

综合考量混合式学习和混合式学习空间的特性，我们根据实践探索，形成了混合式学习空间模型设计（图 6-2）。在这一模型中我们主要考虑了教师的主导作用、学生的中心地位、技术的中介效应、学习范式的支持以及空间的迭代开放性。

1. 教师的主导作用

在混合式学习空间塑造中，教师的地位不容忽视，无论是实体学习空间还是网络学习空间。教师在传统的课堂教学中多作为知识传授者，是知识的输出方。在传统的课堂教学中，学习空间是教室，教师是教学活动和教学空间情境的塑造者。一旦原有的教室、实验室实现了技术升级，如多媒体技术的引入，传统的黑板和板书就逐渐被信息化产品取代。随着视频音频技术的发展，传统的静态课件将被动态的课件取代，课堂上使用电脑和手机的学生增加，移动学习成为常态，教师将不得不做出改变，但教师的主导地位却不可替代，混合式教学的课堂指导、线上内容制作、线下课堂组织等都离不开教师。当然，教师将转变原有的教育认知，重新理解和

混合式学习空间

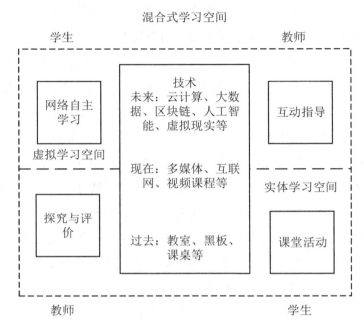

图6-2　混合式学习空间模型

塑造学习场景和内容，采用新的教学方法和技术实现教育目标。

2. 学生的中心地位

作为教育对象和受众，无论是哪种教育技术与学习空间，都是为了实现人才培养，这要求教师了解学生需求和兴趣，根据学生个性开展针对性教育。学生在混合式学习空间中不再是被动受众，而是参与者和主动者，根据自己的情况和教师的建议要求自主完成虚拟网络学习，并把不懂和疑问在线或线下课堂向老师提出。实体学习空间将成为解决学生疑问和应用知识和技能训练的场所，而不仅仅是知识的传输，它把知识传输与知识应用以及创造结合起来，在混合式学习空间中让学生实现各层目标。

3. 技术的中介效用

从技术的演进以及对教育的影响我们可以看出，传统的课堂是黑板和粉笔技术的产物，而互联网的发展产生了网络虚拟课堂，使得混合式学习成为可能，而未来的人工智能、云技术、虚拟/增强现实技术等将变革人们的学习方式，因此混合式学习空间会随着技术的变革产生各种形式，但是无论什么形式都要起到教育与人才培养的目的。

4. 学习范式的支持

混合式学习空间必然要与混合式教学和混合式学习结合起来，需要相应的学习范式的支持。在模型中我们可以看到传统的面对面课堂教学、网络自主学习、在线指导答疑、研讨式学习和评价等，这是多种教学方式的变革，不仅仅是几种教学形式的简单叠加，而是有序的整体。当然这些学习范式对于教师和学生都有一个接受适应的过程，但对这一学习空间的尝试将有效推进教育改革和教学质量的提升。

5. 模型的迭代开放性

在模型中我们并没有用实线作为空间边界，而是虚线，表明这一模型的开放性，根据外部变化模型会在技术的推动下进行迭代，可以预测未来这一模型可能会实现产业、行业、区域等的融合，变革现有实验实训教学模式，把学习空间延伸到企业等组织，乃至整个社会。

（四）完善思政课程混合式教学制度保障

制度保障具有根本性意义。随着科技的发展和教育理念的演进，思政课程的混合式教学将持续获得新的内涵与定位。面对这种常态化的变革，建立健全持久性的制度保障显得尤为重要。在构建思政课程混合式教学制度时，我们必须准确把握难点、核心和根本，切实做好顶层设计、方向把控和考核创新等关键工作。

首先，必须精心进行顶层设计，完善思政课程混合式教学的上下联动、通力合作制度。顶层设计是确保思政课程混合式教学有序进行的基础。在此方面，清华大学已取得了显著成效，其成功与统筹性机构的设立密切相关。各高职院校应借鉴其成功经验，查找并弥补自身不足，努力构建校、院、班三级联合的管理体系。其中，"校"作为决策管理部门，负责整体规划与监督管理；"院"则承担与思政课程混合式教学密切相关的院系任务；"班"则是具体执行思政课程混合式教学的专业班级。这三级管理机构在各自职责范围内，应协调运作、紧密配合，共同推动教学工作的顺利进行。在校级管理部门的全面规划与协调下，我们致力于实现思政课程混合式教学的制度化管理，确保其在规范化的轨道上稳步推进。同时，校级管理部门亦将积极推动校际的合作与交流，通过借鉴先进经验，优化资源配置，以实现协同发展及联动效应，为思政课程混合式教学的发展贡献力量与智慧。作为三级管理机构中的"基层单位"，班级是思政课程混合式教学实施的重要平台，其教学效果和质量直接体现了混合式教学的成果。因此，在开展思政课程混合式教学时，我们应当重点关注班级层面的制度建设与管理资源投入，强化其作为"基层力量"在保障思政课程混合式教学制度实施中的关键作用。

其次，对于思政课程混合式教学的实施，务必严谨把控方向，并不断完善各项制度。尽管混合式教学在思政课程中的应用在理念上易于理解，但在实际操作中却存在诸多挑战。经过对部分高职院校的实地走访，我们注意到这些高职院校的思政课程教师正积极尝试混合式教学，并各自形成了独特的教学心得。然而，不容忽视的一个问题是，教师与学生的角色关系发生了"翻转"，教师更多地扮演了任务布置者的角色，仅在学生提问时进行解答，若学生没有问题，教师则处于相对空闲的状态。甚至有教师表示，混合式教学极大地减轻了他们的教学负担，学生自主学习，教师得以享受相对轻松的课堂环境。这种理解实际上严重曲解了思政课程混合式教学的核心理念，背离了其本质要求，也偏离了正确的教学方向。我们必须认识到，混合式教学并非简单的角色翻转，而是在保证教师有效引导的前提下，充分发挥学生的主体作用，实现教学效果的最优化。在推进思政课程的混合式教学时，我们必须保持严谨和稳重的态度，立足于实际教学需求。这一教学模式的实施，应首先从教育教学理念的创新出发，确保对混合式教学有正确的理解，并科学运用混合式教学手段。

最后，混合式教学改革要总体谋划，科学推进。我们必须从思政课程教学发展的总体布局出发，结合各学科、各专业的具体情况，以及教师"教"和学生"学"的内容、方式和需求的变化，进行细致的分析和规划。在推进过程中，我们必须坚持在正确认知和科学把握的基础上做具体分析，不盲目行动，确保不偏离正确方向，并科学落实，避免任何歪曲。

（五）思政课程混合式教学要融合发展

高职院校思政课程的混合式教学构成了一个多要素协同、动态融合的教学生态系统。此系统是否健康且可持续，核心在于各动态要素能否实现和谐共生、和睦共处，并共同发挥同向共进的整合优势。传统的高职院校思政课程教学，其内容相对单一，尚可通过独立教学维持。然而，在推进思政课程混合式教学的过程中，必须汇聚多方资源，形成"多段渠"共灌共育的局面。简言之，思政课程混合式教学需坚定不移地走融合发展之路，并为其提供坚实的融合发展保障。

在国家相关部门、高等院校及思政课程教师的共同认知中，面对现代信息技术和新媒体迅猛发展的新时代背景，高职院校思政课程已不再孤立存在，而是与"互联网+"、大数据、新媒体矩阵等"新主体"形成不可分割的整体。单打独斗和封闭自守的策略已无法适应当前形势，必须全面考虑双方的发展需求，寻求最优的发展策略。思想是行动的指南，唯有思维上的契合，方能确保行动上的协调统一。因此，各相关单位应确立融合发展的核心理念，培养与之相应的思维方式，从系统、要素、技术、教法等维度，推动思政课程与"新主体"的深度融合。在此理念的引领下，我们应深化融合发展的理论研究，出台具体政策举措，全面提升思政课程与"新主体"融合发展的质量与效益。

为确保高职院校思政课程混合式教学的有效融合，必须强化融合发展的保障措施。各相关部门应明确职责，协同配合，完善基础设施，提升实践效益。国家层面需全面规划，提供政策与制度保障；高职院校需抓紧教育现代化机遇，加大投入，强化软硬件建设，构建智慧校园系统，提升数字思维与网络教学内容的导向性，推动传统思政教育内容的数字化转型，拓展融媒体传播方式，以内容融合推动思政课程的深入发展，确保融合发展的主动权；教师则需秉持以人为本的教育理念，顺应时代发展，把握混合式教学的核心精神，以学生为中心，树立共同目标，探索有效驱动模式，为思政课程混合式教学的融合发展提供坚实的人才支撑。

综上所述，高职院校思政课程实施混合式教学是一项富有改革创新精神的重要举措。相较于传统的教学模式，混合式教学在教学理念、方法、组织及评价等方面均展现出显著的创新性，与新时代我国教育现代化的发展方向紧密契合。它对于构建新型师生关系、整合教学内容以及推动线上线下教学的"翻转式"改革等将产生深远影响。因此，将混合式教学模式引入高职院校思政课程教学，无疑是一项值得肯定的进步。

然而，任何新鲜事物在推广过程中都会面临一定的挑战。在混合式教学模式中，理论设计与实践条件之间的差异、理念创新与习惯定势之间的冲突，以及个别经验与普遍规律之间的距离等问题均不容忽视。为推进思政课程混合式教学的顺利进行，我们需要不断纠正偏差、消除隔阂、缩短距离，这是一项持续且需要共同努力的任务。

总之，高职院校思政课程混合式教学优化路径需要我们从多个方面进行努力和探索。通过优化教学平台、提升教师能力、优化教学内容和完善评价体系等措施的实施，我们可以不断提高混合式教学的质量和效果，为培养更多优秀的高职院校人才做出贡献。

参 考 文 献

［1］Ahmed A A. Investigating the effect of learning styles in a blended e-learning system: An extension of the technology acceptance model［J］. Australasian Journal of Educational Technology, 2017, 33(2): 1-23.

［2］Anthony B, Kamaludin A, Romli A, et al. Exploring the role of blended learning for teaching and learning effectiveness in institutions of higher learning: An empirical investigation ［J］. Education and Information Technologies, 2019, 24(6): 3433-3466.

［3］Asarta C J, Schmidt J R. The effects of online and blended experience on outcomes in a blended learning environment［J］. The Internet and Higher Education, 2020(44): 100708.

［4］Baepler P, Walker J D, Driessen M. It's not about seat time: blending, flipping, and efficiency in active learning classrooms ［J］. Computers & Education, 2014(78): 227-236.

［5］Berga K A, Vadnais E, Nelson J, et al. Blended learning versus face-to-face learning in an undergraduate nursing health assessment course: A quasi-experimental study［J］. Nurse Education Today, 2021(96): 104622.

［6］Boelens R, et al. Four key challenges to the design of blended learning: A systematic literature review［J］. Educational Research Review, 2017(22): 1-18.

［7］Boelens R, et al. The design of blended learning in response to student diversityin higher education: Instructors' views and use of differentiated

instruction in blended learning[J]. Computers & Education, 2018(120):
197-212.

[8]Bouilheres F, et al. Defining student learning experience through blended
learning[J]. Education and Information Technologies, 2020, 25 (4):
3049-3069.

[9] Castro R. Blended learning in higher education: Trends and
capabilities[J]. Education and Information Technologies, 2019, 24(4):
2523-2546.

[10]Cheng G. Using the community of inquiry framework to support and analyse
BYOD implementation in the blended EFL classroom[J]. The Internet and
Higher Education, 2022(54): 100.

[11] Davis F D. Perceived usefulness, perceived ease of use, and user
acceptance of information technology [J]. MIS Quarterly, 1989, 13
(3): 319.

[12]Fisher R, Perényi Á, Birdthistle N. The positive relationship between
flipped and blended learning and student engagement, performance and
satisfaction[J]. Active Learning in Higher Education, 2021, 22 (2):
97-113.

[13] Garrison D R, et al. Exploring causal relationships among teaching,
cognitive and social presence: Student perceptions of the community of
inquiry framework[J]. The internet and higher education, 2010, 13(1-
2): 31-36.

[14]Garrison D R, Kanuka H. Blended learning: Uncovering its transformative
potential in higher education [J]. The Internet and Higher Education,
2004, 7(2): 95-105.

[15]Graham C R, Woodfield W, Harrison J B. A framework for institutional
adoption and implementation of blended learning in higher education[J].
The Internet and Higher Education, 2013(18): 4-14.

［16］Hair J F, Ringle C M, Sarstedt M. PLS-sem: Indeed a silver bullet［J］. Journal of Marketing Theory and Practice, 2011, 19(2): 139-152.

［17］Hamilton J, Tee S. Blended teaching and learning: A two-way systems approach［J］. Higher Education Research & Development, 2013, 32(5): 748-764.

［18］Hrastinski S. What do we mean by blended learning? ［J］. TechTrends, 2019, 63(5): 564-569.

［19］Manwaring K C, Larsen R, Graham C R, et al. Investigating student engagement in blended learning settings using experience sampling and structural equation modeling［J］. The Internet and Higher Education, 2017 (35): 21-33.

［20］Moskal P, Dziuban C, Hartman J. Blended learning: A dangerous idea? ［J］. The Internet and Higher Education, 2013(18): 15-23.

［21］Okaz A A. Integrating blended learning in higher education［J］. Procedia-Social and Behavioral Sciences, 2015(186): 600-603.

［22］Porter W W, Graham C R, Bodily R G, et al. A qualitative analysis of institutional drivers and barriers to blended learning adoption in higher education［J］. The Internet and Higher Education, 2016(28): 17-27.

［23］Qutieshat A S, Abusamak M O, Maragha T N. Impact of blended learning on dental students' performance and satisfaction in clinical education［J］. Journal of Dental Education, 2020, 84(2): 135-142.

［24］Rasheed R A, Kamsin A, Abdullah N A. Challenges in the online component of blended learning: A systematic review［J］. Computers & Education, 2020(144): 103701.

［25］Sajid M R, Laheji A F, Abothenain F, et al. Can blended learning and the flipped classroom improve students learning and satisfaction in saudi arabia? ［J］. International Journal of Medical Education, 2016 (7): 281-285.

［26］Shi Y, Tong M, Long T. Investigating relationships among blended synchronous learning environments, students' motivation, and cognitive engagement: A mixed methods study［J］. Computers & Education, 2021 (168): 104193.

［27］Siemens G. Connectivism: A learning theory for the digital age［J］. Instructional technology & distance Learning, 2005(1): 3-10.

［28］Smith K, Hill J. Defining the nature of blended learning through its depiction in current research［J］. Higher Education Research & Development, 2019, 38(2): 383-397.

［29］Tosun S. The effects of blended learning on EFL students' vocabulary enhancement［J］. Procedia-Social and Behavioral Sciences, 2015, 199: 641-647.

［30］Vanslambrouck S, et al. Students' motivation and subjective task value of participating in online and blended learning environments［J］. The Internet and Higher Education, 2018(36): 33-40.

［31］Wang C. Employing blended learning to enhance learners' English conversation: A preliminary study of teaching with Hitutor［J］. Education and Information Technologies, 2021, 26(2): 2407-2425.

［32］Wang P, Luo H, Liu B, et al. Investigating the combined effects of role assignment and discussion timing in a blended learning environment［J］. The Internet and Higher Education, 2024(60): 100.

［33］Wu J, Liu W. An empirical investigation of the critical factors affecting students' satisfaction in EFL blended learning［J］. Journal of Language Teaching and Research, 2013, 4(1): 176-185.

［34］Yeou M. An investigation of students' acceptance of modle in a blended learning setting using technology acceptance model［J］. Journal of Educational Technology Systems, 2016, 44(3): 300-318.

［35］白双翎. 高职院校思政课程教学评价指标体系构建研究[J]. 现代教育

管理，2021(9)：49-55.

[36]白文倩，李文昊，陈蓓蕾. 基于资源的混合式学习的教学设计研究[J]. 现代教育技术，2011，21(4)：42-47.

[37]白玉波. 移动互联网背景下高职院校思政课程教学的实效性分析[J]. 科教导刊(下旬)，2020(9)：98-99.

[38]蔡林，贾绪计. 学业自我效能感与在线学习投入的关系：学习动机和心理体验的链式中介作用[J]. 心理与行为研究，2020，18(6)：805-811.

[39]蔡旻君，王心怡，郭婉瑢，等. 在线学习者参与评价的理论探讨及实证研究[J]. 中国电化教育，2021(3)：15-23.

[40]蔡小葵. "大思政课程"视角下高职院校思政课程提升路径探析[J]. 思想理论教育导刊，2024(4)：142-149.

[41]曾朝夕. 高校教师思想政治教育绩效管理的定量评价指标研究[J]. 思想理论教育导刊，2016(11)：156-159.

[42]车延年，邵宾，雷晓燕. 高质量发展视野下高职院校的现实困境与未来转向[J]. 职业技术教育，2023，44(36)：43-49.

[43]陈斌. 翻转课堂在高职院校思政课程教学中的运用研究[J]. 教育理论与实践，2023，43(3)：46-49.

[44]陈丽，冯晓英. 学习理论的发展与网络课程教学策略创新[J]. 北京广播电视大学学报，2015(1)：1-8.

[45]陈厦芳. 试论移动互联网时代提升高职院校思政课程实效性的策略[J]. 现代职业教育，2019(7)：212-213.

[46]陈书华，刘怡. 高职院校思政课程混合式教学模式探究——以毛泽东思想和中国特色社会主义理论体系"概论课"为例[J]. 安徽工业大学学报(社会科学版)，2022，39(6)：54-56.

[47]陈书华. 移动互联网背景下高职院校思政课程教学策略研究[J]. 安徽工业大学学报(社会科学版)，2019，36(5)：80-81.

[48]陈小娟，黄崴. 高职院校教育高质量发展：目标定位、关键挑战与推

进策略[J].职业技术教育,2022,43(22):40-44.

[49]丛松日,邱正福,曲新英,等.思想政治理论课教学效果考核评价体系研究[J].经济与社会发展,2008(3):142-145.

[50]邓宏萍.对高职院校思政课程实施翻转课堂教学模式的思考[J].教育与职业,2016(18):116-117.

[51]窦淑庆,刘思豆.基于技术接受模型的数字阅读作品用户行为意愿研究[J].江苏科技信息,2024,41(4):130-133.

[52]杜世纯,傅泽田.混合式学习接受度的影响因素研究[J].中国电化教育,2018(6):123-128.

[53]杜世纯,傅泽田.混合式学习探究[J].中国高教研究,2016(10):52-55,92.

[54]范斯义.基于移动互联网下思政课程教学改革的研究与实践[J].智库时代,2017(13):289-290.

[55]冯川钧.高校混合式教学存在的问题及对策分析[J].中国成人教育,2017(21):82-85.

[56]冯晓英,曹洁婷,黄洛颖."互联网+"时代混合式学习设计的方法策略[J].中国远程教育,2020(8):25-32,54,77.

[57]冯晓英,孙雨薇,曹洁婷."互联网+"时代的混合式学习:学习理论与教法学基础[J].中国远程教育,2019(2):7-16,92.

[58]冯晓英,吴怡君,曹洁婷,等."互联网+"时代混合式学习活动设计的策略[J].中国远程教育,2021(6):60-67,77.

[59]高仁.高质量建设以习近平新时代中国特色社会主义思想为核心内容的思政课程群[J].中国高等教育,2023(23):38-41.

[60]高雅.基于OBE理念的高职院校思政课程混合式教学研究——以"毛泽东思想和中国特色社会主义理论体系概论"课程为例[J].教育教学论坛,2022(1):90-93.

[61]葛虹佑.移动互联网时代提升高职院校思政课程实效性的策略分析[J].中外企业文化,2021(2):118-119.

[62]龚永华，梁瑞升.新时代实现高职院校思政课程高质量发展的探究[J].湖南第一师范学院学报，2023，23(6)：75-82.

[63]古炼辉，许丽红.基于 OBE 理念的思想政治理论课实践教学体系探析——以卫生类高职院校为例[J].教育教学论坛，2022(9)：177-180.

[64]韩光道.新形势下高职院校思政课程教学与建设之剖析[J].思想理论教育导刊，2017(9)：85-87.

[65]韩淼.基于慕课和雨课堂的高职院校思政课程混合式教学——以"毛泽东思想和中国特色社会主义理论体系概论"慕课为例[J].现代教育技术，2018，28(7)：65-70.

[66]韩宪洲.改革开放以来高职院校高专院校思想政治理论课建设的主要成绩和基本经验[J].思想理论教育导刊，2018(11)：9-13.

[67]何克抗."互联网+教育"是否颠覆与重构了传统教育[J].中国教育科学(中英文)，2019，2(4)：3-8.

[68]何克抗.从 Blending Learning 看教育技术理论的新发展(上)[J].中国电化教育，2004(3)：5-10.

[69]何克抗.从 Blending Learning 看教育技术理论的新发展(下)[J].电化教育研究，2004(4)：22-26.

[70]何克抗.建构主义——革新传统教学的理论基础(中)[J].电化教育研究，1997(4)：25-27.

[71]何茂昌.人工智能融入高职院校思政课程教学的现实与未来[J].中国职业技术教育，2021(35)：50-54.

[72]贺杰，马婷娟，张永良，等.指向深度学习的高职院校混合式学习评价模型及指标体系构建[J].职业技术教育，2022，43(26)：64-70.

[73]洪贞银.高职院校思想政治理论课教学实效性研究[J].鄂州大学学报，2006(4)：55-58.

[74]胡小勇，徐欢云，陈泽璇.学习者信息素养、在线学习投入及学习绩效关系的实证研究[J].中国电化教育，2020(3)：77-84.

[75]胡勇. 在线学习过程中的社会临场感与不同网络学习效果之间的关系初探[J]. 电化教育研究, 2013, 34(2): 47-51.

[76]胡宗群. 高职院校思政课程教学高质量发展探讨[J]. 中学政治教学参考, 2023(39): 78-80.

[77]黄纯国. 利用混合学习模式提升教师信息化教学能力的研究[J]. 现代教育技术, 2010, 20(7): 62-65.

[78]黄贵英, 谢青松. 高职院校思政课程数字化生态课堂建构: 本质意涵、关系结构与实施路径[J]. 职业技术教育, 2023, 44(26): 35-40.

[79]黄荣怀, 马丁, 郑兰琴, 等. 基于混合式学习的课程设计理论[J]. 电化教育研究, 2009(1): 9-14.

[80]黄艳, 李佳玲, 黄金岩. 互联网接触对大学生思想政治教育传播效果的影响研究——基于全国35所高校调查数据的实证分析[J]. 高校教育管理, 2021, 15(6): 13-24.

[81]黄艳, 朱澳拉. 融媒体时代高职院校思政课程混合式教学探析[J]. 学校党建与思想教育, 2023(8): 46-48.

[82]黄志芳, 周瑞婕, 赵呈领, 等. 面向深度学习的混合式学习模式设计及实证研究[J]. 中国电化教育, 2019(11): 120-128.

[83]霍晓花. 高职院校思政课程混合式教学模式实践研究[J]. 食品研究与开发, 2023, 44(19): 239.

[84]贾非, 赵彬竹, 李志创. 混合学习与在线学习对学生投入度的影响——以学习环境为视角[J]. 复旦教育论坛, 2019, 17(5): 55-61.

[85]江凤娟. 混合式教学环境中大学生学习的行为意愿影响因素研究[J]. 电化教育研究, 2021, 42(6): 105-112, 128.

[86]蒋家胜, 贺继明, 李丹. 简论高职院校思想政治理论课的价值存在与教学能力目标[J]. 思想理论教育导刊, 2016(9): 129-132.

[87]蒋芝英, 鄢彬. "五度"视角下高职院校思政课程实践教学有效性探索[J]. 教育与职业, 2022(19): 97-101.

[88]解筱杉, 朱祖林. 高校混合式教学质量影响因素分析[J]. 中国远程教

育，2012（10）：9-14，95.

[89]李宝，张文兰，张思琦，等.混合式学习中学习满意度影响因素的模型研究[J].远程教育杂志，2016，34（1）：69-75.

[90]李宝敏，余青，杨风雷.混合教学对学生学习成效的影响——基于国内外 106 篇实证研究的元分析[J].开放教育研究，2022，28（1）：75-84.

[91]李逢庆，王新华，赵建民.混合式课程建设项目的顶层设计与实施策略——以山东师范大学为例[J].现代教育技术，2018，28（6）：32-38.

[92]李逢庆.混合式教学的理论基础与教学设计[J].现代教育技术，2016，26（9）：18-24.

[93]李海东，吴昊.基于全过程的混合式教学质量评价体系研究——以国家级线上线下混合式一流课程为例[J].中国大学教学，2021（5）：65-71，91.

[94]李佳，冯兴杰，梁志星，等.基于实证研究的高校混合式教学质量影响因素指标体系及模型构建[J].实验室研究与探索，2022，41（12）：224-231.

[95]李克东，赵建华.混合学习的原理与应用模式[J].电化教育研究，2004（7）：1-6.

[96]李小文，石伟平.高质量发展背景下高职院校教育结构优化的逻辑、挑战与路径[J].中国高教研究，2023（4）：102-108.

[97]李小雪，史小茹.基于多元 Logistic 的混合式学习效果影响因素分析[J].高教学刊，2023，9（31）：19-22.

[98]李雪静.提高艺术院校思想政治理论课教学实效性的思考[J].思想理论教育导刊，2008（7）：53-55.

[99]李洋.高职院校"毛泽东思想和中国特色社会主义理论体系概论"课教学效果提升路径探析[J].思想教育研究，2018（10）：102-105.

[100]李月峰，瞿梦菊，汪雷钧，等.线上线下混合式教学质量评价指标

体系构建与实践[J]．计算机教育，2023(7)：171-175.

[101]李政辉，孙静．我国混合式教学的运行模式与对策研究——以中国
财经慕课联盟 44 所高校为对象[J]．中国大学教学，2022(Z1)：
88-95.

[102]刘菲菲．高职院校混合式教学实施状况及影响因素分析——基于×
校网络教学综合平台的数据分析[J]．职业技术教育，2019，40
(26)：43-47.

[103]刘江岳，李思姗．混合式学习效果影响因素及机制研究——基于结
构方程模型的实证分析[J]．中国教育信息化，2024，30(2)：
108-118.

[104]刘梅．高校教师混合式学习接受度的影响因素研究——基于创新扩
散的视角[J]．现代教育技术，2018，28(2)：54-60.

[105]刘威童，汪潇潇．混合式教学满意度影响因素研究[J]．现代教育技
术，2019，29(1)：107-113.

[106]刘选会，钟定国，行金玲．大学生专业满意度、学习投入度与学习
效果的关系研究[J]．高教探索，2017(2)：58-63.

[107]刘学，吉朝明，李乾．高职院校混合式学习评价指标体系的构建与
应用[J]．中国多媒体与网络教学学报(中旬刊)，2023(7)：134-137.

[108]鲁继平．互联网时代高职院校思政课程实践教学模式创新[J]．教育
与职业，2018(4)：98-102.

[109]鲁明川．高职院校思想政治理论课教学实效性的调查与思考[J]．江
苏技术师范学院学报，2011，17(3)：77-81.

[110]栾文娣．混合式教学评价：研究现状、理论基础、设计与实施[J]．
兰州职业技术学院学报，2022，38(5)：35-37.

[111]罗晓岗．影响高校混合式学习有效性的关键因素分析[J]．浙江教育
学院学报，2011(1)：24-30.

[112]吕宛青，葛绪锋．高校学生对混合式教学接受意愿的实证研究——
基于 TAM 和 TPB 的整合模型[J]．云南大学学报(自然科学版)，

2020，42（S1）：97-105.

[113]马佳，范文涵. 高职院校高质量发展的探索与实践[J]. 教育与职业，2022（12）：51-54.

[114]马婧，周倩. 高校混合式环境下教学行为状况及影响因素研究[J]. 国家教育行政学院学报，2019（4）：79-87，95.

[115]马瑞娜，张铁坚. 基于教学过程的线上线下混合式教学质量评价体系构建[J]. 中国教育技术装备，2024（9）：48-51，55.

[116]马武林，张晓鹏. 大学英语混合式学习模式研究与实践[J]. 外语电化教学，2011（3）：50-57.

[117]马志强，孔丽丽，曾宁. 国内外混合式学习研究热点及趋势分析——基于2005—2015年SSCI和CSSCI期刊论文比较[J]. 现代远程教育研究，2016（4）：49-57，102.

[118]毛加明，李飞. "互联网+"背景下高职院校思政课程评价体系的解析与重构[J]. 教育与职业，2020（13）：94-98.

[119]孟亚玲，史慧丽. 逻辑理路与指标维度：高校青年教师适应期混合式教学效果评价标准构建研究[J]. 昆明理工大学学报（社会科学版），2023，23（6）：132-139.

[120]乜勇，王兰兰. 基于混合学习理论的网络课程辅导策略研究[J]. 电化教育研究，2010，（11）：61-63.

[121]彭静雯. 大学生学习内驱力影响因素及其作用机制——基于扎根理论的分析[J]. 现代大学教育，2023，39（2）：93-102.

[122]彭泽宇，杨子，王法颖，等. 关于混合式学习体验和课程质量影响因素的质性研究[J]. 中国继续医学教育，2024，16（6）：50-53.

[123]乔永忠. 高校思想政治教育绩效评价的新方法探析——模糊综合评价法[J]. 黑龙江高教研究，2007（6）：55-58.

[124]邱文教，赵光，雷威. 基于层次分析法的高校探究式课堂教学评价指标体系构建[J]. 高等工程教育研究，2016（6）：138-143.

[125]曲士英. 高职院校思想政治理论课教学实效性问题研究[J]. 黑龙江

高教研究，2010(7)：126-128.

[126]沙景荣，看召草，李伟. 混合式教学中教师支持策略对大学生学习投入水平提高的实证研究[J]. 中国电化教育，2020(8)：127-133.

[127]沈壮海，王迎迎. 2016 年度大学生思想政治教育状况调查分析——基于全国35所高校的调查[J]. 中国高等教育，2017(11)：45-50.

[128]宋广锋. 移动互联网时代提升高职院校思政课程实效性的思考与探索[J]. 教育现代化，2017，4(32)：256-257.

[129]孙海英，陈三营. 线上线下混合式教学在高校思想政治理论课教学中的运用探析——以"毛泽东思想和中国特色社会主义理论体系概论"课程为例[J]. 贵州师范大学学报(社会科学版)，2022(5)：13-23.

[130]孙延冰. 高职院校思政教育课程改革创新策略[J]. 中学政治教学参考，2023(5)：91.

[131]覃红霞，李政，周建华. 不同学科在线教学满意度及持续使用意愿——基于技术接受模型(TAM)的实证分析[J]. 教育研究，2020，41(11)：91-103.

[132]唐智，董文明. VR 技术支持下高职院校思政课程教学问题及其应对[J]. 职业技术教育，2020，41(5)：64-67.

[133]屠丽妍. 基于区间层次分析法的大学生思想政治教育实效性综合评价[J]. 实验室研究与探索，2019，38(11)：187-190，218.

[134]万力. 高职院校思政课程精准教学的现实语境、生成逻辑与实践路向[J]. 教育与职业，2023(4)：83-88.

[135]万力勇，等. 探究社区理论框架研究二十年：回顾与展望[J]. 开放教育研究，2020，26(6)：57-68.

[136]王琛，国兆亮. 混合式学习实施效果的影响因素初探——基于质性研究的结果[J]. 北京航空航天大学学报(社会科学版)，2014，27(5)：114-120.

[137]王改花，张李飞，傅钢善. 学习者特征对混合学习效果影响研究[J].

开放教育研究，2021，27(1)：71-83.

[138]王健崭.人工智能赋能高职院校思政课程教学的生成、风险及对策[J].江苏高教，2023(9)：114-120.

[139]王丽英.高职院校思想政治理论课教学体系实效性考评[J].黑龙江高教研究，2011(11)：150-152.

[140]王伟伟，周仲秋.思想政治理论课课堂教学创新性改革与探索——以"毛泽东思想和中国特色社会主义理论体系概论"课为例[J].思想教育研究，2015(11)：35-39.

[141]王卫国，曾令辉.新媒体环境下高校思想政治理论课混合式教学模式的优化[J].学校党建与思想教育，2019(21)：60-62.

[142]王向志.高职院校思政课程智慧课堂教学实施路径探析——以"毛泽东思想和中国特色社会主义理论体系概论"课程为例[J].怀化学院学报，2024，43(2)：119-123.

[143]王秀霞.高职院校思政课程混合式教学模式研究与实践[J].职教论坛，2021，37(4)：135-139.

[144]王学利.新时代高职院校思政课程高质量发展研究[J].思想理论教育导刊，2024(1)：129-135.

[145]王颖，黎家成.高职院校思政课程混合式教学优化路径探析[J].学校党建与思想教育，2023(8)：49-51.

[146]王志军，陈丽.联通主义学习理论及其最新进展[J].开放教育研究，2014，20(5)：11-28.

[147]王志军，刘璐，杨阳.联通主义学习行为分析方法体系研究[J].开放教育研究，2019，25(4)：18-30.

[148]温彭年，贾国英.建构主义理论与教学改革——建构主义学习理论综述[J].教育理论与实践，2002(5)：17-22.

[149]吴静梅.移动互联网在"思政课程"教学中的有效性[J].鄂州大学学报，2016，23(4)：85-87.

[150]吴南中.数字化生活的教育意蕴[J].现代教育技术，2015，25(7)：

19-25.

[151]吴岩. 建设中国"金课"[J]. 中国大学教学, 2018(12)：4-9.

[152]吴争春, 于天真, 狄神武. 高职院校思政课程混合式教学之"道""术""效"[J]. 思想政治教育研究, 2020, 36(3)：63-67.

[153]伍启凤, 余素芳, 谭亚娟. 高职院校混合式教学质量影响因素分析[J]. 智库时代, 2019(31)：97, 99.

[154]肖金芳, 施教芳. 混合学习模式的研究和探索[J]. 中国远程教育, 2013(5)：64-67.

[155]谢惠媛. 混合教学：推进高校思想政治理论课创新的有效方式[J]. 国家教育行政学院学报, 2017(11)：38-42.

[156]邢蓓蓓, 刘翠, 赵玲玲, 等. 高校混合式实验教学对学生学习成效与学习体验的影响——以"基础化学"课程为例[J]. 现代教育技术, 2022, 32(2)：99-108.

[157]邢丽丽. 基于精准教学的混合式教学模式构建与实证研究[J]. 中国电化教育, 2020(9)：135-141.

[158]徐昌. 高职院校思政课程混合式教学高质量发展的策略研究[J]. 重庆电力高等专科学校学报, 2022, 27(6)：54-56, 66.

[159]许嘉扬, 郭福春. 数字化时代高职院校教育教学改革的知识图谱分析[J]. 高等工程教育研究, 2023(4)：138-144, 195.

[160]许卫中. 高职院校思政课程线上教学的挑战与对策[J]. 教育与职业, 2021(12)：93-97.

[161]许志红, 张炜, 黄睿彦. 大学生混合式教学接受意愿对深度学习的影响：知觉行为控制与学习投入的链式中介作用[J]. 商丘师范学院学报, 2024, 40(4)：88-93.

[162]杨高. 高职院校思想政治理论课实践教学的探索[J]. 湖北民族学院学报(哲学社会科学版), 2012, 30(2)：146-148.

[163]杨根福. 混合式学习模式下网络教学平台持续使用与绩效影响因素研究[J]. 电化教育研究, 2015, 36(7)：42-48.

[164]杨浩，付艳芳.新时代高职院校混合式教学质量评价指标体系构建[J].职业技术教育，2021，42(35)：67-72.

[165]杨珏.高职院校思政课程学生学习积极性影响因素实证研究[J].职教论坛，2023，38(12)：112-119.

[166]杨康贤，林丽芳.技能型社会视域下高职院校思政课程教学研究[J].教育与职业，2022(12)：87-91.

[167]杨力.高校混合式教学质量影响因素分析及对策[J].教育教学论坛，2021(13)：123-126.

[168]杨维东，贾楠.建构主义学习理论述评[J].理论导刊，2011(5)：77-80.

[169]杨鑫，解月光，苟睿，等.智慧课堂模型构建的实证研究[J].中国电化教育，2020(9)：50-57.

[170]杨兴波.高等职业教育混合式教学评价指标体系的构建研究[J].黑龙江教师发展学院学报，2024，43(3)：104-107.

[171]杨勇兵，綦玉帅，王伟.高职院校思政课程教学实效性的影响因素与提升路径[J].教育与职业，2022(7)：92-96.

[172]银敏华，康燕霞，马彦麟，等.线上线下混合式教学改革研究——基于本科生接受意愿视角[J].湖北第二师范学院学报，2021，38(9)：87-93.

[173]余绪鹏，刘念.生成式人工智能赋能高职院校思政课程的价值、隐忧与优化进路[J].河南科技学院学报，2024，44(2)：52-60.

[174]余越凡，杨现民，周晓云.职业教育混合式教学对学习效果的影响研究——基于国内外36项实验与准实验的元分析[J].职业技术教育，2023，44(8)：47-54.

[175]詹泽慧，李晓华.混合学习：定义、策略、现状与发展趋势——与美国印第安纳大学柯蒂斯·邦克教授的对话[J].中国电化教育，2009(12)：1-5.

[176]张博，张世昌.高职院校思政课程混合式教学整体性的三个协同[J].

思想政治教育研究，2020，36(6)：98-101.

[177] 张广乐. 高校思想政治理论课学生成绩考评体系的实效性及提升路径研究——以"毛泽东思想和中国特色社会主义理论体系概论"课为例[J]. 思想教育研究，2017(8)：91-94.

[178] 张宏，凌烨丽. 基于移动智能终端的高职院校思政课程实践教学模式构建[J]. 职业技术教育，2021，42(32)：72-76.

[179] 张宏，檀祝平. 近十年我国高职院校思政课程研究的知识图谱与纾困建议[J]. 教育与职业，2022(13)：91-96.

[180] 张建晓. 新时代高职院校思政课程高质量建设研究的困境与出路[J]. 重庆第二师范学院学报，2023，36(5)：91-95，128.

[181] 张勤. 高校混合式教学质量影响因素及提升建议探究[J]. 科技风，2024(17)：149-151.

[182] 张如意. 移动互联网背景下高职院校思政课程教学的学理性提升[J]. 运城学院学报，2020，38(2)：53-56.

[183] 张润枝，梁瑶. 关于推进思想政治理论课混合式教学的若干思考[J]. 思想理论教育，2021(1)：65-69.

[184] 张太宇，王燕红. 高职院校课程思政高质量发展的逻辑理路探析[J]. 教育理论与实践，2023，43(6)：37-40.

[185] 张小红. 试论我国教育技术发展中的回归现象——兼论何克抗先生的《从 Blending Learning 看教育技术理论的新发展》[J]. 现代教育技术，2006(6)：43-46，54.

[186] 张小兰. 思想政治理论课课堂实践教学模式探索与创新——以"毛泽东思想和中国特色社会主义理论体系概论"课为例[J]. 思想理论教育导刊，2012(7)：79-81.

[187] 张心刚. 高职院校混合式教学评价指标体系的实施策略研究[J]. 现代商贸工业，2023，44(20)：226-228.

[188] 张燕. 基于建构主义理论的思想政治理论课教学路径选择[J]. 西南民族大学学报(人文社会科学版)，2012，33(S2)：58-60.

[189]张媛. 移动互联网背景下提升思政课程教学实效性的研究[J]. 佳木斯职业学院学报, 2018(8): 126-127.

[190]张志晟, 钟文艳. 职业教育高质量发展背景下思政课程教学创新路径研究[J]. 时代报告, 2023(4): 138-141.

[191]赵国栋, 等. 混合式学习的学生满意度及影响因素研究——以北京大学教学网为例[J]. 中国远程教育, 2010(6): 32-38, 79.

[192]赵慧臣, 彭梦甜. 高校教师实施混合式教学问题与对策的质性研究[J]. 数字教育, 2022, 8(1): 32-39.

[193]赵建伟, 彭成圆. 教育大数据背景下大学生网络学习行为实证研究[J]. 当代教育实践与教学研究, 2019(15): 34-35.

[194]赵美岚. "微时代"高职院校思政课程的危机审视与创新发展[J]. 职教论坛, 2017(26): 19-23.

[195]赵映川. 大学生慕课满意度及其影响因素的调查研究[J]. 高等教育研究, 2018, 39(2): 73-78.

[196]郑婉平. 新时代高职院校思政课程的改革与创新[J]. 中学政治教学参考, 2020(3): 104.

[197]郑珠. 基于 Blending Learning 教学思想的现代教育技术课教学改革[J]. 教育探索, 2011(12): 38-39.

[198]钟凌云. 高职院校思政课程课堂教学讲好道理的五个向度[J]. 教育理论与实践, 2023, 43(15): 30-33.

[199]周建松, 陈正江. 高质量发展背景下高职院校教育新定位与新使命[J]. 中国高教研究, 2022(8): 97-102.

[200]周自明, 陈国宁, 蔡东伟. 问道·探术·领学: 高职院校思政课程建设的理念蕴涵与实践探索[J]. 职教论坛, 2023, 38(12): 120-128.

[201]祝智庭, 胡姣. 技术赋能后疫情教育创变: 线上线下融合教学新样态[J]. 开放教育研究, 2021, 27(1): 13-23.

[202]邹艳春. 建构主义学习理论的发展根源与逻辑起点[J]. 外国教育研

究, 2002(5): 27-29.

[203] 陈琳. 大数据时代高职院校思政课程线上线下混合教学模式研究[D]. 江西财经大学, 2023.

[204] 陈雯婧. 高职院校思政课程混合式教学改革研究[D]. 西南大学, 2023.

[205] 范博. 大学生混合式学习效果的影响因素研究[D]. 兰州大学, 2022.

[206] 郭容花. 高职院校思想政治理论课教学的实效性及策略研究[D]. 华中师范大学, 2015.

[207] 江海燕. 基于学习通的高职院校思政课程混合学习活动设计研究[D]. 西北师范大学, 2020.

[208] 刘丽明. 高职院校思想政治理论课教育教学的现状分析及对策研究[D]. 云南大学, 2014.

[209] 刘瑞. 高校思想政治理论课线上线下混合式教学模式构建研究[D]. 重庆交通大学, 2021.

[210] 刘应好. 高校混合式教学评价指标体系构建研究[D]. 长沙理工大学, 2020.

[211] 卢程佳. 微信支持下的混合式学习设计与应用研究[D]. 浙江师范大学, 2015.

[212] 卢灵青. 混合式学习环境下学习者特征对学习效果的影响研究[D]. 江西财经大学, 2022.

[213] 吕传旭. 高校思想政治理论课混合式教学模式研究[D]. 河北工业大学, 2017.

[214] 宁碧璇. 高校公共体育课混合式教学评价指标体系的构建研究[D]. 天津体育学院, 2023.

[215] 王正强. 高职院校思想政治教育理论课实效性研究[D]. 中国海洋大学, 2013.

[216] 武亮亮. 大学混合式教学评价指标体系的构建及应用研究[D]. 西北师范大学, 2020.

[217]杨小珍. 高校混合式教学质量影响因素研究［D］. 南宁师范大学，2020.

[218]张丽颖. 高职院校思想政治理论课教学学生满意度调查研究［D］. 内蒙古师范大学，2021.

[219]赵玉琴. 基于"互联网+"的高职院校思政课程混合式教学模式应用研究［D］. 河北师范大学，2020.

附　　录

附录1　高职院校思政课程混合式教学调研问卷

亲爱的同学，您好！为更好地了解学生在思政课程混合式学习中的基本情况和效果，特进行此次调研。调研采用匿名形式，不涉及个人隐私，答案无对错之分，请各位根据情况和感受真实作答。调研结果只用于教学研究之用，感谢各位的支持与配合！

1. 你的性别是(　　)

    A. 男　　　　　　　　B. 女

2. 你的年级是(　　)

    A. 大一　　　　B. 大二　　　　C. 大三　　D. 大四

3. 你的网龄是(　　)

    A. 1 年以内　　B. 1~3 年　　　　C. 4~6 年　　D. 6 年以上

4. 你每天上网时长约(　　)(上网时长包括计算机和手机上网)

    A. 基本不上网或少于 1 小时　　　B. 1~3 小时

    C. 4~6 小时　　　　　　　　　　D. 7~9 小时

    E. 9 小时以上

5. 你每周登录思政线上课程学习次数(　　)

    A. 每天都登录　　　　　　　　B. 4~5 次

    C. 1~3 次　　　　　　　　　　D. 基本不登录

6. 你每周思政线上课程学习时间（　　）

    A. 少于 1 小时　　　　　　　　　B. 1~2 小时

    C. 3~5 小时　　　　　　　　　　D. 5 小时以上

7. 你对思政课程线上学习平台的了解程度（　　）

    A. 非常了解　　　B. 了解　　　　C. 一般　　　D. 不了解

8. 你认为思政课程线上学习平台和课程资源对学习的帮助程度（　　）

    A. 非常有帮助　　　B. 有帮助　　　C. 一般　　　D. 没有帮助

9. 你最喜欢思政课程线上学习平台上的哪种课程资源（　　）

    A. 视频　　　　　B. 课件　　　　C. 案例　　　D. 习题

    E. 项目任务　　　F. 拓展资料　　　G. 讨论

10. 你希望思政课程采用哪种教学形式（　　）

    A. 课堂讲授　　　　　　　　　　B. 单纯线上网络课程

    C. 线上网络课程+线下课堂讲授

    D. 移动学习+网络课程+线下讲授

    E. 线下讲授+实践活动　　　　　　F. 线上+线下+实践

11. 吸引你进行思政网络课程学习的原因主要有以下哪些？（不超过 3 项）[多选题] *

    A. 课程内容丰富　　　　　　　　B. 教师授课要求

    C. 个人兴趣　　　　　　　　　　D. 提高学习效率

    E. 扩展知识面　　　　　　　　　F. 可自由支配时间学习

    G. 自我提升需求　　　　　　　　H. 其他

12. 你对思政课程混合式教学的喜欢程度（　　）

    A. 不喜欢　　　B. 一般　　　C. 喜欢　　　D. 非常喜欢

13. 你对思政课程混合式教学的整体满意度（　　）

    A. 非常满意　　　B. 满意　　　C. 一般　　　D. 不满意

14. 你感觉思政课程是否帮助你解决了思想困惑（　　）

    A. 解决了很多　　　B. 解决了一些　　　C. 说不清楚

D. 基本没解决　　E. 完全没有解决

15. 你认为思政课程混合式教学学习效果如何？（请您根据实际情况选择合适的选项，1——非常不符合，2——不符合，3——一般，4——符合，5——非常符合）

题　　项	1	2	3	4	5
通过混合式教学学习，我的实践能力有了很好的提升	○	○	○	○	○
通过混合式教学学习，我的创新能力、价值观念都有了很好的提升	○	○	○	○	○
通过混合式教学学习，我的团队协作能力有了很好的提升	○	○	○	○	○
通过混合式教学学习，我的问题解决能力有了很好的提升	○	○	○	○	○

16. 你对思政课程混合式教学有哪些意见和建议？

附录2　关于高职院校思政课程混合式教学实效性访谈提纲

(一)高职院校思政课程教师

(1)思政课程混合式教学面临的问题有哪些?

(2)你认为应如何设计思政课程混合式教学?

(3)如何提升学生参与混合式教学的积极性?

(4)你认为混合式教学实效性影响因素有哪些?

(5)你认为应如何提升思政课程混合式教学实效性?

(6)你在思政课程混合式教学中应秉持哪些理念和态度?

(7)你在思政课程混合式教学中进行了哪些教学设计?

(二)高职院校参加过思政课程混合式教学的学生

1.学习者个体

(1)你是否参加过混合式学习?为什么?

(2)使用过哪种网络学习工具?(超星学习通、大学慕课、重庆智慧教育平台、智慧树等)使用了多久?是否频繁?

(3)在思政课程学习中,是否进行了线上视频课程学习?为什么?

2.教学设计

(1)你是否了解思政课程的混合式教学安排?其安排是否合理?为什么?

(2)是否了解思政课程的考核方式?你对考核方式有什么意见和建议?

(3)你是否了解课程教学目标?你对思政课程学习是否有兴趣?你希望从思政课程学习中获得什么?

(4)你希望老师以哪种形式进行教学?为什么?(传统的课堂讲授、网上学习+课堂、学生为主的翻转课堂)

(5)线上自主学习情况如何?可以在哪些方面让学生自主灵活安排?

3.教学资源

(1)思政课程线上资源你知道在哪里获得吗?是否能够满足学习需要?

(2)你对思政课程线上资源的更新情况感觉如何？

(3)你对思政课程线上资源的形式(课件、案例、视频、音频、动画等)感觉如何？

4. 学习环境

(1)你对学校的网络状况是否满意？

(2)你一般通过哪种方式上网学习？(手机、电脑、平板电脑或其他)你每天上网的时长大概多久？用于学习的时间大概多久？

(3)除了上网学习外，你还通过网络做什么？时间分配是？

(4)你能根据老师的课堂要求进行线上学习吗？

5. 教学组织

(1)你跟老师的交流一般通过什么方式？

(2)与同学交流主要通过什么方式？

(3)你对思政课程线上讨论与课堂讨论的感觉如何？

(4)你对课堂小组任务、在线问答、案例讨论等感觉如何？

(5)在思政课程学习过程中如果遇到困难，你会如何解决？

6. 教师能力

(1)你对思政课程老师应用信息化工具进行教学的感觉如何？

(2)你对思政课程老师课堂讲授与组织感觉如何？

(3)你对思政课程教师的总体评价怎样？

7. 学习活动

(1)在课堂中你的主要活动有哪些？(听讲、做笔记、看手机、看视频、参与讨论、回答问题、走神等)

(2)你们班同学在线学习情况如何？

(3)你们班同学共同学习(学习过程中互帮互助)的情况如何？

(4)你对思政课程实践活动有什么好的建议和意见？

8. 学习支持

(1)思政课程线上学习平台操作如何？你能熟练操作吗？

(2)你对线上学习平台是否满意？

(3) 你感觉思政课程线上学习平台有什么好的地方和不好的地方？

(4) 你感觉学校对线上学习的支持力度如何？

9. 学习成效

(1) 通过思政课程混合式教学，你对课程的学习兴趣是否增加了？主要体现在哪些方面？

(2) 通过思政课程混合式教学，你的能力是否得到提升？主要体现在哪些方面？

(3) 通过思政课程混合式教学，你感觉有哪些收获？

(4) 通过思政课程混合式教学，你对思政课程的学习总体感受是什么？

附录3　高职院校思政课程混合式教学实效性调研问卷

　　亲爱的同学，您好！为更好地了解学生在思政课程混合式教学中的基本情况和效果，特进行此次调研。调研采用匿名形式，不涉及个人隐私，答案无对错之分，请各位根据情况和感受真实作答。调研结果只用于教学研究之用，感谢各位的支持与配合！

1. 你的性别是(　　)

　　A. 男　　　　　　　B. 女

2. 你的年级是(　　)

　　A. 大一　　　　　B. 大二　　　　　C. 大三　　　D. 大四

3. 请您根据实际情况选择合适的选项(1——非常不符合，2——不符合，3——一般，4——符合，5——非常符合)

题　　项	1	2	3	4	5
LB1　我的信息技术水平高	○	○	○	○	○
LB2　我进行混合式学习的时间长	○	○	○	○	○
LB3　我使用混合式学习的教学平台很频繁	○	○	○	○	○
LM1　思政课程混合式教学能让我获得很多知识	○	○	○	○	○
LM2　思政课程混合式教学让我对自己有较高的期望和要求	○	○	○	○	○
LM3　在思政课程混合式教学中，老师通常会夸奖学习用功的学生	○	○	○	○	○
LM4　在思政课程混合式教学中，我希望知道别人对我学习表现的评价	○	○	○	○	○
PEU1　我认为思政课程混合式教学是一种容易上手的学习方法	○	○	○	○	○

续表

题　项	1	2	3	4	5
PEU2　我认为思政课程混合式教学在线平台的操作是容易的	○	○	○	○	○
PEU3　我能很轻松地运用思政课程混合式教学进行学习	○	○	○	○	○
PEU4　我认为思政课程混合式教学不会给我带来过重的负担	○	○	○	○	○
PU1　我认为思政课程混合式教学能使我更有效地进行学习	○	○	○	○	○
PU2　我认为思政课程混合式教学提高了我的学习效率	○	○	○	○	○
PU3　我认为思政课程混合式教学提高了我的学习成绩	○	○	○	○	○
PU4　我认为思政课程混合式教学能满足我的学习需求	○	○	○	○	○
LA1　我喜欢思政课程混合式教学	○	○	○	○	○
LA2　对思政课程混合式教学，我感觉很好	○	○	○	○	○
LA3　思政课程采用混合式教学方式，我感觉对我有益	○	○	○	○	○
LA4　思政课程采用混合式教学方式，我感觉对我的吸引力很强	○	○	○	○	○
LE1　通过思政课程混合式教学，我的创新能力和价值观念都有了提升	○	○	○	○	○
LE2　通过思政课程混合式教学，我的团队协作能力有了很好的提升	○	○	○	○	○
LE3　通过思政课程混合式教学，我的问题解决能力有了很好的提升	○	○	○	○	○